Lasst uns Freude teilen!

Liebe Leser*innen,

ihr könnt es euch vielleicht nicht vorstellen, aber für mich ist es tatsächlich das Größte, wenn ich eure Begeisterung für unsere Rezepte erleben darf. Wie oft ertappe ich mich dabei, wie ich durch unsere **ZauberMix** App stöbere und unter den neuesten Rezepten schaue, welche davon ihr kommentiert oder mit einem Foto *eurer* Leckerei versehen habt. Immer wieder bin ich dann ganz dankbar für diesen tollen Weg des Austauschs – zu sehen, dass die Ideen, die uns im Team begeistern, auch euch gefallen.

Besonders wundervoll: Häufig helfen sich Community-Mitglieder untereinander, geben sich Tipps oder teilen ihre persönlichen Empfehlungen. Für mich ist *das* die wahre Magie von **ZauberMix**: Ihr erweckt unsere Ideen in all euren Küchen mit euren Zaubertöpfen zum Leben und begeistert damit eure Liebsten und die gesamte Community.

Ich wünsche mir daher für diesen Frühling vor allem eines: Dass unsere neuen Rezepte euch zum Ausprobieren inspirieren und dazu, eure Koch- und Back-Erlebnisse mit uns allen auf www.zaubermix.de oder in der App zu teilen. Seid euch sicher: Ich werde am nächsten Wochenende auf dem Sofa sitzen und mich von Herzen darüber freuen!

Vivien Koitka, Chefredakteurin

GROSSE UMFRAGE

Wir arbeiten jeden Tag daran, unsere **ZauberMix** Welt noch besser zu machen und dafür ist euer Feedback essenziell. Indem ihr eure Gedanken und Wünsche mit uns teilt, helft ihr uns dabei, Inhalte zu erschaffen, die euch wirklich weiterhelfen und Freude bereiten. Daher starten wir eine große Umfrage. Wir freuen uns über eure rege Teilnahme und sagen: Danke für eure Zeit! Hier geht's **direkt zur Umfrage: www.zaubermix.de/umfrage2025**

Titelfotos: Ira Leoni (1); Anna Gieseler (1); Archiv (3) | Fotos: Kathrin Knoll (1); Archiv (1)

INHALT

Kleine Gastgeschenke 110
Mitbringsel: Pistazienmus, „Toffifee“-Aufstrich und mehr

Ab nach Griechenland 76
Mit Gyros-Suppe, Bifteki und Gigantes-Bohnen

Ostergebäck 100
Beliebte Klassiker im neuen Gewand

LET'S MIX!

SPECIAL MIX

MIX IT UP!

OSTER-SPEZIAL

SERVICE

91 Entspannter Brunch
Einfache Ideen fürs große Wochenendbüfett

Fotos: siehe Rezeptseiten

REZEPTE DIESER AUSGABE

S. 10 Karotten-Bandnudeln mit Bärlauch

S. 11 Schnelle Karottensuppe

S. 13 Karotten-Croissants mit Brokkoli

S. 13 Karottenpüree

S. 14 Carrot Cake Baked Oats

S. 15 Möhrengrün-Pesto

S. 17 Schnelle Orzo-Gemüse-Suppe

S. 18 Orzo Djuvec-Art

S. 19 One-Pot-Orzo mit Brokkoli

S. 20 Orzo-Chili

S. 27 Gnocchi mit cremiger Kräutersoße

S. 28 Spätzle „Holli“ all in one

S. 29 Curry-Geschnetzeltes all in one

S. 31 Schlemmer-Hähnchenpfanne

S. 33 Lachswürfel in Senf-Schmand-Soße

S. 38 Käsekuchen mit Boden

S. 41 20-Minuten-Frühlings-Ravioli vom Blech

S. 41 20-Minuten-Hähnchen-Mais-Nudel-Pfanne

S. 42 15-Minuten-Laugen-Hotdogs

S. 43 10-Minuten-Apfel-Möhren-Rohkost de luxe

S. 51 Schlemmerfilet Bordelaise

S. 51 Frühlingsauflauf mit Bacon-Hähnchen

S. 52 Einfacher Frikadellenauflauf

S. 52 Hähnchenauflauf mit Knusper-Topping

S. 53 Quarkauflauf mit Blaubeeren

S. 55 Blumenkohl-Bites aus dem Airfryer

S. 56 Bärlauch-Mozzarella-Fladen

S. 58 Bärlauch-Cremesuppe

S. 59 Einfache Bärlauch-Pasta

S. 62 Gedämpfter Marmorkuchen

S. 63 Gedämpfte Zimtschnecken

S. 63 Gedämpfter Käsekuchen

S. 68 Schinken-Sandwich-Crêpes

S. 68 Bacon-Pancakes mit Brie

S. 68 Pfannkuchen „Hawaii“

S. 71 Schnelle Tomatensoße „Pomodoro“

S. 71 Gorgonzolasoße für Pasta

S. 72 Käsesoße „India“

S. 73 Thunfischsoße für Pasta

S. 77 Gyros-Kritharaki-Auflauf

S. 78 Gigantes-Bohnen in Tomatensoße

S. 79 Gyros-Suppe

REZEPTE MIT DIESEM SYMBOL FINDET IHR ALS **GUIDED COOKING** REZEPTE AUF EUREM MONSIEUR CUISINE CONNECT UND SMART!

SERVICE

Unsere Symbole und Angaben für Rezepte und Ernährung

- ANBRATEN
- DAMPFGAREN
- LINKSLAUF
- MIXTOPF
- SPATEL
- TEIGMODUS

- VEGETARISCH
- VEGAN
- LAKTOSEFREI
- GLUTENFREI
- KALORIENARM
  Hauptgerichte < 500 kcal, Suppen/Vorspeisen < 350 kcal, süße Rezepte < 150 kcal, jeweils pro Portion
- LOW CARB KOHLENHYDRATARM
  < 25 % der Kilokalorien entstehen durch Kohlenhydrate
- LOW FAT FETTARM
  < 20 % der Kilokalorien entstehen durch Fett

- KCAL KILOKALORIEN
- g E GRAMM EIWEISS
- g F GRAMM FETT
- g KH GRAMM KOHLENHYDRATE

- AiO Zubereitung in Mixtopf, Kocheinsatz und Dampfgaraufsatz
- ONE POT Zubereitung nur im Mixtopf
- FIX Zubereitung in max. 20 Minuten
- EASY Schnell, unkompliziert, mit einfachen Zutaten
- GESCHENK IDEE Länger haltbar, gut zum Verpacken und Verschenken

REZEPTE FÜR ALLE MODELLE
Die Rezepte dieses Magazins sind für die Modelle smart, connect, trend und plus entwickelt.

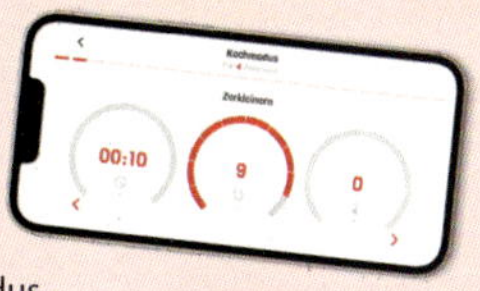

BEQUEM KOCHEN MIT DER ZAUBERMIX APP
Alle Rezepte der neuen Ausgabe findet ihr immer sofort im praktischen Kochmodus zum einfachen Nachkochen im Monsieur Cuisine unter **www.zaubermix.de**

Frühlingsfrisch VOM FELD

Im Frühling haben heimische Karotten Hochsaison. Schnappt euch jetzt einen frischen Bund und verwandelt das mild-süße Gemüse in leckere Köstlichkeiten!

Rezepte: Elisa Schilling & Lukas Nissen

Karotten-Bandnudeln mit Bärlauch und Burrata

Rezept siehe Seite 10

Tipp der Redaktion

GEMÜSENUDELN

Besonders schnell gelingt die Zubereitung von Gemüsenudeln mit dem Aufsatz „WunderZoodler®". Das Zubehör verwandelt neben Karotten auch Zucchini oder Gurken in Gemüsepasta. Den Aufsatz findet ihr für ca. 50 Euro unter www.zaubertopf-shop.de

Fotos: StockFood / Addictive Stock (1); Ira Leoni (1); Anna Gieseler (1)

Ruckzuck IN DER SUPPENSCHÜSSEL

Karotten-Bandnudeln mit Bärlauch und Burrata

00 35
std : min

LOW CARB LOW FAT

PRO PORTION: 945 KCAL | 34 G E | 81 G F | 25 G KH

ZUTATEN FÜR 4 PERSONEN

- 100 g gesalzene geröstete Pistazienkerne
- 50 g Bärlauch
- 2 Knoblauchzehen
- 125 g Olivenöl
- 2 EL Zitronensaft
- 500 g Knollensellerie
- 500 g Karotten
- 1 EL Butter
- Salz
- Pfeffer
- 100 g Gemüsebrühe
- 150 g Rucola
- 4 Kugeln Burrata (à ca. 150 g)

1 | Die Pistazien in den Mixtopf geben, **3 Sek.** | **Stufe 6** grob hacken und umfüllen. Bärlauch, Knoblauch, Öl und Zitronensaft in den Mixtopf geben, **20 Sek.** | **Stufe 8** zerkleinern. Bis zum Servieren beiseitestellen und durchziehen lassen.

2 | Sellerie und Karotten mit einem Sparschäler zu Bandnudeln verarbeiten. Butter in einer Pfanne erhitzen und die Gemüsenudeln darin 3–4 Min. schwenken. Mit Salz und Pfeffer würzen, mit der Gemüsebrühe ablöschen, 3–4 Min. einköcheln lassen. Den Rucola unterheben.

3 | Auf Teller verteilen und jeweils 1 Kugel Burrata daraufsetzen. Mit dem Bärlauchöl beträufeln, mit den Pistazienkernen bestreuen und servieren.

>**BURRATA** Diese italienische Käsespezialität sorgt für das gewisse Extra. Mit seiner zarten Hülle und dem cremigen Kern aus Sahne und Käsefäden verfeinert Burrata jedes Gericht. Ihr findet ihn in der Kühlabteilung, oft direkt neben dem Mozzarella.

MITTAG IM TURBO
Wir verarbeiten für die Suppe gleich 650 g Karotten. Der Monsizerkleinert das Gemüse und vermischt es zur gleichen Zeit mit Zwiebeln, Knoblauch und Ingwer. Statt mühsamer Handarbeit schafft der Monsi den Schritt in nur 5 Sekunden.

Fotos: Anna Gieseler (2)

Schnelle Karottensuppe

00 | 30 std : min

LOW CARB LOW FAT

PRO PORTION: 392 KCAL | 5 G E | 27 G F | 34 G KH

ZUTATEN FÜR 4 PERSONEN

- **1 Zwiebel, halbiert**
- **2 Knoblauchzehen**
- **2 cm Ingwer**
- **650 g Karotten, in Stücken**
- **3 EL Olivenöl**
- **650 g Wasser**
- **2 TL Gemüse-Gewürzpaste**
- **Salz**
- **Pfeffer**
- **1 EL Butter**
- **4 Scheiben Weißbrot, in Würfeln**
- **1 TL Chiliflocken**
- **200 g Sahne**

1 Zwiebel, 1 Knoblauchzehe, Ingwer und die Karotten in den Mixtopf geben, **5 Sek. | Stufe 8** zerkleinern. Mit dem Spatel nach unten schieben. Öl zufügen und **3 Min. | Stufe 1 | 100 °C** andünsten.

2 Wasser, Gewürzpaste, je 2 Prisen Salz sowie Pfeffer zugeben und alles ohne Messbecher **20 Min. | Stufe 2 | 100 °C** einkochen, dabei den Kocheinsatz als Spritzschutz aufsetzen.

3 Währenddessen die Butter in einer Pfanne erhitzen und die Brotwürfel darin goldbraun braten. Restlichen Knoblauch dazudrücken, mit Salz, Pfeffer und Chiliflocken würzen. Die Sahne in den Mixtopf geben und die Suppe **30 Sek. | Stufe 6–10** pürieren. Auf Schüsseln verteilen und mit Brotwürfeln garniert servieren.

Versteckt IM TEIGMANTEL

Fotos: Bimi® Brokkoli (1); StockFood / Are Media / Are Media (1); Anna Gieseler (1)

Karotten-Croissants mit Brokkoli

00 40 std : min

LOW CARB LOW FAT

PRO STÜCK: 456 KCAL | 15 G E | 30 G F | 32 G KH

ZUTATEN FÜR 5 STÜCK

- 1 Pck. Blätterteig (Kühlregal)
- 1 Ei, verquirlt
- 2 EL Sesam zum Bestreuen
- 2 große Karotten, in Stücken
- 350 g Frischkäse
- 3 EL Milch
- Saft von ½ Zitrone
- ½ TL edelsüßes Paprikapulver
- ½ TL Salz
- Blättchen von 4 Stielen Petersilie
- 200 g Brokkoli mit langen Stielen (z. B. „Bimi®" Brokkoli)

1 Ofen auf 220 °C Ober-/Unterhitze vorheizen. Ein Blech mit Backpapier belegen. Aus Alufolie 5 ca. 10 cm große Kegel formen. Blätterteig in 1 cm breite Streifen schneiden und so um die Kegel wickeln, dass keine Löcher entstehen. Der Blätterteig muss nicht angedrückt werden.

2 Die fertigen Kegel auf das Blech setzen, mit Ei bestreichen und mit dem Sesam bestreuen. Dann ca. 15 Min. backen.

3 Für die Frischkäsecreme die Karotten in den Topf geben und **8 Sek. | Stufe 6** fein zerkleinern. Frischkäse, Milch, Zitronensaft, Paprikagewürz, Salz sowie Kräuter zufügen und **20 Sek. | Stufe 3** glatt rühren.

4 Brokkoli ca. 2 Min. in kochendem Salzwasser blanchieren, herausnehmen und trocken tupfen.

5 Croissants aus dem Ofen nehmen, kurz abkühlen lassen und Alufolie entfernen. Mit der Karotten-Frischkäse-Creme füllen und anschließend vorsichtig den Brokkoli so hineindrücken, dass es wie Karottengrün aussieht. Sofort servieren.

>WAS IST „BIMI®" BROKKOLI?

Er ist auch als „Baby-Brokkoli", „Brokkolini" oder „Spargelbrokkoli" bekannt und ist eine zarte, mildere Variante des klassischen Brokkolis. Seine langen, dünnen Stängel und kleinen Blüten zeichnen ihn aus. Ihr findet den Bimi® in gut sortierten Supermärkten oder auf dem Wochenmarkt. Ersatzweise verwendet ihr herkömmlichen Brokkoli, indem ihr die Röschen klein schneidet und kurz blanchiert. Alternativ sind auch grüner Spargel oder Romanesco eine gute Wahl.

Karottenpüree

00 35 std : min

LOW CARB LOW FAT

PRO PORTION: 233 KCAL | 3 G E | 20 G F | 12 G KH

ZUTATEN FÜR 4 PERSONEN

- 1000 g Wasser
- 250 g Blumenkohl, in Röschen
- 250 g Karotten, in Würfeln
- 1 Zwiebel, halbiert
- 1 EL Butter
- 100 g Sahne
- ½ TL Salz
- 3 Prisen Pfeffer
- 1 Msp. Muskat

1 Wasser in den Topf geben. Blumenkohl und Karotten im tiefen Dampfgaraufsatz verteilen, **20 Min. |** Dampfgaraufsatz abnehmen. Topf leeren.

2 Zwiebel in den Topf geben und **5 Sek. | Stufe 8** zerkleinern. Mit dem Spatel nach unten schieben. Butter zufügen und **2 Min. | Stufe 1 | 120 °C** andünsten. Blumenkohl, Karotten, Sahne, Salz, Pfeffer und Muskat zugeben, **30 Sek. | Stufe 8** pürieren.

>TIPP Ihr könnt das Püree mit etwas Kümmel verfeinern.

LEICHT UND LOCKER

Unser cremiges Püree aus Karotten gelingt im Monsieur einfach und schnell. Wir kombinieren die Karotten mit Blumenkohl, der für die besonders seidige Textur sorgt. Beide Zutaten garen wir zunächst im Dampfgarer und pürieren sie dann mit den übrigen Zutaten in Sekunden cremig. Extraplus: Das Püree ist low carb!

Vollwertig IM FRÜHSTÜCK

Carrot Cake Baked Oats

00 45 std : min

PRO PORTION: 513 KCAL | 16 G E | 19 G F | 72 G KH

ZUTATEN FÜR 4 PERSONEN

- 250 g Karotten, in Stücken
- 200 g zarte Haferflocken
- 500 g Milch
- 4 Bananen, in Stücken
- 2 TL Zimt
- 150 g Sahnejoghurt
- 50 g Frischkäse
- 1 TL Honig
- 30 g Walnüsse, grob gehackt

AUSSERDEM

- Auflaufform (ca. 28×18 cm)

1 Den Backofen auf 180 °C Ober-/Unterhitze vorheizen. Karotten in den geben und **5 Sek. | Stufe 6** zerkleinern. 1 EL umfüllen. Haferflocken, Milch, Bananen sowie Zimt in den geben und **25 Sek. | Stufe 8** vermengen.

2 In eine Auflaufform umfüllen und etwa 30 Min. backen. Herausnehmen und etwas abkühlen lassen. Joghurt, Frischkäse und Honig verrühren und auf den Baked Oats verstreichen. Mit Walnüssen und Karottenraspeln garnieren und servieren.

>**TIPP** Wie gut, dass die Zutaten das ganze Jahr erhältlich sind. Der „Karottenkuchen"-Mix schmeckt nämlich zu jeder Jahreszeit.

BAKED OATS …

… oder gebackene Haferflocken sind lecker, praktisch und zeitsparend. Daher liegen sie voll im Trend. Die Zutaten werden im Monsieur Cuisine vermengt. Dann heißt es: Alles in eine Backform geben, ab in den Ofen – fertig! Anschließend noch mit frischen Toppings nach Belieben verfeinern.

Fotos: Anna Gieseler (1); Archiv (1); Kathrin Knoll (2); Adobe Stock/Natasha Breen (1); Ira Leoni (1)

RATGEBER

RÜBEN-CHECK

Wie ihr das süße Gemüse lagert und kreativ verarbeitet

Karotten lagern – mit oder ohne Grün?

Am besten lagert ihr das Gemüse ohne Grün, da es den Karotten Feuchtigkeit entzieht. Schneidet ihr es ab, bleiben sie länger frisch. Lagert die Möhren bis zu zwei Wochen in der Gemüseschublade im Kühlschrank. Übrigens: Das Grün von Bio-Karotten könnt ihr zu einem leckeren Pesto verarbeiten – das Rezept dafür findet ihr gleich hier auf der Seite!

GLASIEREN – SO GEHT'S

Das Glasieren von Karotten bringt ihre natürliche Süße noch besser zur Geltung. Dafür 700 g Karotten waschen und eventuell in Stücke schneiden. 1000 g Wasser in den geben, Karotten in den Dampfgaraufsatz geben und aufsetzen. **10 Min.** | dampfgaren. In der Zwischenzeit 30 g Butter mit 3 TL Zucker in einer Pfanne karamellisieren. Zum Schluss die Karotten unterheben, nach Belieben mit Kräutern abschmecken. Ideal zu Fleischgerichten, als Vorspeise oder im Salat.

Die Karotten sind nicht mehr ganz knackig? Dann legt sie für etwa 20 Minuten in ***kaltes Wasser!***

FARBE AUF DEM TELLER

Bunte Karotten sind ein optisches Highlight in zahlreichen Rezepten und bringen dazu eine Vielfalt an Aromen mit. In Farben wie Gelb, Lila, Rot und Weiß bieten sie jede Menge Abwechslung und sind dabei genauso vielseitig einsetzbar wie ihre orangefarbenen Verwandten. Ob roh, als Zoodles, geröstet im Ofen, gedämpft, auf der Gemüsepizza oder in einem frischen Salat: Sie liefern jede Menge Nährstoffe und machen jedes Gericht noch ansprechender.

Möhrengrün-Pesto

00:15 std : min

LOW CARB · LOW FAT

PRO PORTION (30 G): 163 KCAL | 3 G E | 17 G F | 1 G KH

ZUTATEN FÜR 2 GLÄSER À 200 ML

- **50 g Mandeln**
- **2 Knoblauchzehen**
- **75 g Parmesan, in Stücken**
- **2 Bund unbehandeltes Karottengrün (ca. 100 g), in ca. 5 cm langen Streifen**
- **150 g Olivenöl zzgl. etwas zum Bedecken**
- **½ TL Salz**
- **½ TL Pfeffer**

1 Mandeln in einer beschichteten Pfanne ohne Fett anrösten, herausnehmen und abkühlen lassen. Mandeln, Knoblauch sowie Parmesan in den geben, **10 Sek.** | **Stufe 10** zerkleinern. Mit dem nach unten schieben.

2 Die restlichen Zutaten zufügen, **20 Sek.** | **Stufe 8** pürieren. Mit dem nach unten schieben, erneut **10 Sek.** | **Stufe 8** pürieren. Das Pesto sofort weiterverarbeiten oder in sterilisierte Gläser füllen und mit einer Schicht Olivenöl bedecken. Die Gläser fest verschließen.

>**HALTBARKEIT** Im Kühlschrank gelagert hält sich das Pesto mehrere Wochen. Nach Verwendung wieder mit Öl auffüllen.

EINFACH GUT
Der Orzo-Trend

Die kleine Pastasorte ist *die* Trendzutat. Das Besondere: Sie ersetzt Reis in vielen Lieblingsgerichten und ist deutlich schneller gekocht. Hier unsere vier neuen Rezepthits!

Rezepte: Lukas Nissen

Fotos: StockFood / PhotoCuisine (1); Kathrin Knoll (1)

Schnelle Orzo-Gemüse-Suppe

00 35 std : min

LOW CARB · LOW FAT

PRO PORTION: 258 KCAL | 13 G E | 6 G F | 41 G KH

ZUTATEN FÜR 4 PERSONEN

- **Blättchen von 5 Stielen Petersilie**
- **1 Zwiebel, halbiert**
- **1 Knoblauchzehe**
- **2 EL Olivenöl**
- **1 Zucchini, längs halbiert, in Scheiben**
- **1200 g Wasser**
- **2 TL Gemüse-Gewürzpaste**
- **½ TL Pfeffer**
- **1 Lorbeerblatt**
- **150 g Erbsen (TK)**
- **200 g grüne Bohnen (TK), halbiert**
- **250 g weiße Bohnen (Dose), abgetropft**
- **75 g Orzo**

1 Die Petersilie in den Mixtopf geben, **5 Sek.** | **Stufe 8** zerkleinern und umfüllen. Zwiebel sowie Knoblauch in den Mixtopf geben, **5 Sek.** | **Stufe 8** zerkleinern. Mit dem Spatel nach unten schieben. Olivenöl zufügen und alles **3 Min.** | **Stufe 1** | **120°C** andünsten.

2 Die Zucchini zugeben und **4 Min.** | Sanftrührstufe. Wasser, Gewürzpaste, Pfeffer sowie Lorbeerblatt zufügen und **10 Min.** | Linkslauf | **Stufe 1** | **100°C** garen, dabei den Kocheinsatz als Spritzschutz aufsetzen.

3 Erbsen, grüne und weiße Bohnen sowie Petersilie zugeben, mit dem Spatel vermengen und weitere **5 Min.** | Linkslauf | **Stufe 1** | **100°C** garen.

4 Orzo zufügen, mit dem Spatel vermengen, nach Packungsangabe plus **2 Min.** | Linkslauf | **Stufe 1** | **100°C** garen, dabei den Kocheinsatz als Spritzschutz aufsetzen. Lorbeerblatt entfernen, Suppe in Schüsseln anrichten und servieren.

ZUTATENTRICK

Für die Suppe verwenden wir Erbsen und grüne Bohnen aus dem Tiefkühler sowie weiße Bohnen aus der Dose – da sie alle kochfertig sind, sparen wir so 15 Minuten!

Schnell gemacht und herrlich würzig

Orzo Djuvec-Art

00:35 std : min

PRO PORTION: 453 KCAL | 17 G E | 7 G F | 85 G KH

ZUTATEN FÜR 4 PERSONEN

- Blättchen von 4 Stielen Petersilie
- 2 Tomaten, geviertelt
- 2 rote Paprikaschoten, in Stücken
- 1 Zwiebel, halbiert
- 1 Knoblauchzehe
- 2 EL Olivenöl
- 350 g Orzo
- 650 g Wasser
- 500 g passierte Tomaten
- 2 TL Gemüse-Gewürzpaste
- 2 TL edelsüßes Paprikapulver
- 1 Msp. Chiliflocken
- 1½ TL Salz
- ½ TL Pfeffer
- 200 g Erbsen (TK)

1 Petersilie in den geben und **5 Sek. | Stufe 8** zerkleinern. 2 TL entnehmen und zum Garnieren beiseitestellen. Tomaten sowie Paprika in den geben und alles **4 Sek. | Stufe 7** zerkleinern, danach umfüllen.

2 Zwiebel mit Knoblauch im **5 Sek. | Stufe 8** zerkleinern. Mit dem nach unten schieben. Öl zufügen und Zwiebel sowie Knoblauch **3 Min. | Stufe 1 | 120 °C** andünsten.

3 Das zerkleinerte Gemüse, Orzo, Wasser, passierte Tomaten, Gewürzpaste, Paprikapulver, Chiliflocken, Salz sowie Pfeffer zugeben. Mit dem umrühren und ohne Messbecher **13 Min. | | Stufe 1 | 100 °C** köcheln lassen.

4 Erbsen zugeben, mit dem unterheben und weitere **3 Min. | | Stufe 1 | 100 °C** garen. Mit Petersilie garniert servieren.

RATZFATZ FERTIG

Djuvec-Reis ist ein Klassiker aus dem Balkan und wird traditionell mit Tomaten, Paprika und Zwiebeln – manchmal auch Fleisch oder Erbsen – zubereitet. Wir machen es einfacher: Mit der schnellkochenden Pastasorte steht der würzige Eintopf in Windeseile auf dem Tisch.

À LA RISOTTO
Diesen One Pot kochen wir wie ein Risotto, nur schneller. Die Orzonudeln garen zügiger, weil die kleinen Pastakörnchen Flüssigkeit rascher aufnehmen. Der cremige Charakter entsteht zudem durch zartschmelzenden Parmesan und Butter.

One-Pot-Orzo mit Brokkoli

00 30 std : min

LOW CARB LOW FAT

PRO PORTION: 508 KCAL | 23 G E | 15 G F | 72 G KH

ZUTATEN FÜR 4 PERSONEN

- 100 g Parmesan, in Stücken
- 1 Zwiebel, halbiert
- 2 Knoblauchzehen
- 30 g Butter
- 350 g Brokkoli, in Röschen
- 350 g Orzo
- 700 g Wasser
- 1 TL Gemüse-Gewürzpaste
- Saft von ½ Zitrone
- 1 TL getrocknete italienische Kräuter
- 3 Prisen Pfeffer
- Basilikum zum Garnieren

1 | Parmesan in den geben und **10 Sek.** | **Stufe 10** zerkleinern, umfüllen. Zwiebel mit Knoblauch in den geben, **5 Sek.** | **Stufe 8** zerkleinern, mit dem nach unten schieben.

2 | Butter zufügen, **3 Min.** | **Stufe 1** | **120°C** dünsten. Brokkoli zugeben und **5 Sek.** | **Stufe 5** zerkleinern. Orzo zufügen und **2 Min.** | | **Stufe 1** | **100°C** andünsten. Mit dem vom Boden lösen.

3 | Wasser, Gewürzpaste, Zitronensaft, Kräuter und Pfeffer zugeben. Ohne Messbecher **15 Min.** | | **100°C** | **Stufe 1** garen, dabei den Kocheinsatz als Spritzschutz aufsetzen.

4 | Nach Ende der Garzeit die Hälfte des Parmesans vorsichtig mit dem unterheben. Auf Tellern anrichten und mit dem restlichen Parmesan und Basilikum garniert servieren.

> TIPP Für das Gericht braucht ihr nur etwa 10 Minuten Vorbereitungszeit, die übrigen 20 Minuten köchelt der Monsieur für euch!

Fotos: Tina Bumann (2); Anna Gieseler (1); Marie Luise Paulsen (1)

Orzo-Chili

00 30 std : min

LOW CARB LOW FAT

PRO PORTION: 780 KCAL | 40 G E | 29 G F | 95 G KH

ZUTATEN FÜR 4 PERSONEN

- 1 Zwiebel, halbiert
- 2 Knoblauchzehen
- 2 EL Olivenöl
- 30 g Tomatenmark
- 350 g Orzo
- 650 g Wasser
- 400 g stückige Tomaten (Dose)
- 2 TL Gemüse-Gewürzpaste
- 1 TL getrocknete italienische Kräuter
- 1 TL Chilipulver
- 1 TL rosenscharfes Paprikapulver
- 1 TL Salz
- ½ TL Pfeffer
- 400 g Rinderhackfleisch
- 400 g Kidneybohnen (Dose), abgetropft
- 140 g Mais (Dose), abgetropft
- 4 EL Schmand

1 Zwiebel mit Knoblauch in den geben und **5 Sek.** | **Stufe 8** zerkleinern, mit dem nach unten schieben.

2 Öl zufügen und ohne Messbecher **3 Min.** | **Stufe 1** | **120°C** andünsten. Tomatenmark mit Orzo zugeben und **2 Min.** | | **Stufe 1** | **100°C** andünsten. Anschließend mithilfe des vom Boden lösen.

3 Wasser, Tomaten, Gewürzpaste, Kräuter sowie Gewürze zufügen und ohne Messbecher **10 Min.** | | **Stufe 1** | **100°C** garen. Dabei den Kocheinsatz als Spritzschutz aufsetzen.

4 Den Rühraufsatz einsetzen. Hackfleisch, Kidneybohnen und Mais zugeben. Mit dem vermengen und weitere **5 Min.** | | **Stufe 1** | **100°C** garen. Auf Tellern anrichten und mit Schmand garniert servieren.

> **VARIANTE** Für eine vegetarische Version könnt ihr das Hackfleisch durch Sojagranulat, Linsen oder eine pflanzliche Hackfleisch-alternative ersetzen. Reste des Chilis können hervorragend für Tortillas, gefüllte Paprika oder in einer Auflaufform mit Käse überbacken weiterverarbeitet werden.

WAS SIND ORZO?

Orzo sind kleine, reisförmige Nudeln aus Hartweizengrieß. Sie sind sehr schnell gar und deshalb eine beliebte Alternative zu Reis. Im Supermarkt findet ihr sie oft auch unter dem griechischen Namen Kritharaki. Zum Beispiel von Barilla, ca. 2,20 Euro.

RATGEBER

5 FRAGEN, 5 ANTWORTEN

Ihr habt Fragen zur Verwendung des Monsieur Cuisine? Ob über Instagram, Facebook, YouTube oder **ZauberMix** – stellt sie mir!

Wird das Messer eigentlich mit der Zeit stumpf?

Hast du den Monsi täglich im Einsatz oder um häufig Getreide und Gewürze zu pulverisieren, kann das Messer nach 1–2 Jahren an Schärfe einbüßen. Mein Tipp: Bestelle zwei Ersatzmesser, verwende das eine zum Kochen und das andere zum Mahlen. Du findest den Messereinsatz für ca. 30 Euro unter shop.monsieur-cuisine.com

Wie lauten die Garzeiten beim Eier kochen?

Fülle 500 g Wasser in den und gib bis zu 6 zimmerwarme Eier in den Kocheinsatz. Koche sie nach gewünschtem Ergebnis **Stufe 1 | 120°C**.

Sehr weiche Eier: 12 Minuten
Weiche Eier: 13 Minuten
Wachsweiches Eigelb: 14 Minuten
Leicht weiches Eigelb: 15 Minuten
Hartgekochtes Eigelb: 16 Minuten

Kann ich Butter in Backrezepten weglassen?

Fett verleiht Teigen und Gebäck die geschmeidige Konsistenz. Ganz weglassen ist deshalb nicht so einfach. Möchtest du fettärmer backen, ersetze einen Teil durch Quark oder Joghurt oder verwende die Halbfettbutter. Hast du keine Butter auf Vorrat, ersetze sie durch geschmacksneutrales Öl – gut eignen sich Sonnenblumen-, Raps- oder Erdnussöl. Ersetze je 100 g Butter im Rezept durch 80 g Öl. Alternativ ersetzt du Butter durch die gleiche Menge Margarine.

Warum gart mein Gemüse ungleichmäßig?

Das kann passieren, wenn zu viel Gemüse eingefüllt wird. Sind dann alle Dampfschlitze verdeckt, kann die Hitze nicht hinauf gelangen. Um das zu umgehen, kannst du den Rühraufsatz in den tiefen Garaufsatz legen, ehe du das Gemüse einfüllst. Dadurch bleiben ausreichend Luftschlitze frei und der Dampf kann besser zirkulieren.

Wozu dient die Öffnung auf der Rückseite?

Das ist ein Abfluss. Sollte Flüssigkeit aus dem austreten, sammelt sie sich nicht im Grundgerät, sondern kann ablaufen. Die Öffnung kannst du von Zeit zu Zeit mit einem feuchten Küchentuch reinigen, indem du es von oben nach unten hindurchziehst.

Direkt zur Facebook-Gruppe

Kommt in unsere **Facebook-Gruppe** und tauscht euch mit uns und anderen Fans aus!

Fotos: Anna Gieseler (1); Barilla (1); Archiv (2); Kathrin Knoll (2); Marie Luise Paulsen (1)

Saison ERLEBEN

Unsere Neu-Entdeckungen sorgen für Frühlingsstimmung in eurem Zuhause

BEGLEITER FÜRS LEBEN

Der englische Küchenmöbel-Experte Neptune stellt jetzt stilvolle, handgefertigte Küchenbegleiter vor. Mit dabei: Die „Orford Collection" mit einem großen Schneidebrett aus massiver Eiche. Das macht garantiert ein Leben lang Freude. 195 Euro, www.neptune.com

Nachhaltiger Wachmacher

Harmonisch und vollmundig schmeckt der neue Bio- und Fairtrade-zertifizierte Kaffee der „d'Oro"-Linie von Dallmayr. Die Arabica-Bohne eignet sich für alle Kaffee-Spezialitäten. 750 g, ca. 19 Euro, www.dallmayr.de

READY TO GO!

Neu im Stelton-Sortiment: Der „To Go Sip thermocup" mit Edelstahl-Strohhalm. Ca. 40 Euro, www.stelton.de

Spritzige Erfrischung

Der jüngste Zuwachs in der Sirup-Familie von Monin ist der fruchtige „Rhabarber". Wie alle der über 100 Geschmackssorten verfeinert der Fruchtsirup Cocktails, Desserts, Gebäck oder auch Speisen. Ihr bekommt den Frühlings-Sirup überall im Handel. 0,25 Liter-Flasche, ca. 4 Euro, mehr Infos und Rezeptideen unter www.monin-deutschland.de

Süße Deko

Was für eine hübsche Idee! Kleine „Goldhasen" zieren dieses Jahr Mini-Gugelhupfe – eine Rezeptidee findet ihr auf Seite 103 – dazu gibt's „Choco-Karotten" fürs Osternest. Wir sind hin und weg! Mehr Ideen unter www.lindt.de

SANFTE KIRSCHBLÜTE

Teekanne „hanami" ist nach einem Brauch des japanischen Kirschblütenfests benannt: dem „Blüten betrachten". 0,6 oder 1 Liter, ab ca. 40 Euro, www.asa-selection.de

Wir holen uns ***die zarten Töne*** *des Frühlings mit den hübschen Tassen und Schalen des dänischen Keramik-Herstellers Knabstrup ins Haus. Die henkellosen Becher der Serie „Colorit" gibt's für ca. 15 Euro, www.knabstrup.com*

Fotos: Dallmayr Kaffee (1); Neptune (1); Stelton (2); Monin (1); Knabstrup (1); Ira Leoni (1); Lindt (1); Asa Selection (1)

Würzen mit Stil

Ob in der Küche oder direkt auf dem Esstisch – die Gewürzmühlenserie „Boreal" des französischen Herstellers Peugeot kann sich sehen lassen! Äußerlich präsentieren sich die Salz- und Pfeffermühlen im klaren, nordischen Design mit gemasertem Buchenholz und in sieben sanften Farbtönen wie Felsgrau, Salbeigrün und Rauchblau. Im Inneren steckt ein patentiertes Stahlmahlwerk, auf das es 25 Jahre Garantie gibt. Je Mühle ca. 45 Euro, alle Infos unter de.peugeot-saveurs.com

WIR VERLOSEN 3 SETS!
Wer sich auch in die hübschen „Boreal"-Mühlen verliebt hat, kann jetzt ein Set aus Pfeffermühle in Altrosa und Salzmühle in Federweiß gewinnen. Teilnahme unter www.zaubermix.de/muehlen-verlosung

GUT VERSORGT
Den eigenen Körper täglich mit den wichtigsten Vitaminen und Spurenelementen zu versorgen, macht uns das Mikronährstoffkonzentrat von LaVita mit 70 natürlichen Zutaten extraleicht. 2 Portionen am Tag genügen, um den Tagesbedarf zu decken. Außerdem bequem: Das wertvolle Konzentrat wird auch im Abo geliefert und kommt so immer frisch nach Hause. Alle Infos unter www.lavita.com

Platz für alle Gäste

TISCHLEIN DECK DICH!

Ein großer Esstisch ist der Dreh- und Angelpunkt für gesellige Stunden mit Familie und Freunden. Uns gefällt der geölte Eichenholztisch „Leef" von Studio Zondag. Auf der 200 × 95 cm großen Fläche finden mindestens 6 Gedecke Platz sowie saisonale Deko. Ihr findet das zeitlose Möbel ab 1050 Euro unter www.connox.de

FRISCH & FERTIG
Ganz neu im „Fresh & Save“ Sortiment von Zwilling: Glas-Bowls mit Vakuum-Verschlussdeckeln. Perfekt zum Lagern und Servieren! Ab ca. 15 Euro, www.zwilling.com

Der schmale ***Teigschaber*** *„Emma“ von Rosti gelangt auch in die kleinsten Gläschen. Ca. 13 Euro, www.rostistore.com*

Fotos: Peugeot (4); La Vita (2); AdobeStock (1); Anna Gieseler (2); Edelschmaus (4); Rosti (1); Zwilling.com (1)

Pastagenuss *im Frühling*

Für genussvolles Kochen aus besten Zutaten mit exzellentem Geschmack – direkt aus der Heimat!

Nordische Spezialitäten-Manufaktur

Seit vielen Jahren verfolgt die Manufaktur Edelschmaus aus Schleswig-Holstein ein Ziel: Gewürzmischungen und andere Basiszutaten für geschmackvolles Kochen direkt in der Heimat herzustellen. „Wir möchten, dass unsere KundInnen mit unseren Produkten schon beim Kochen und vor allem beim gemeinsamen Essen besondere Momente erleben. Das gelingt durch die Aromenintensität jedes einzelnen, liebevoll entwickelten Gewürzes“, betont Geschäftsführerin Katharina Gorny.

Tipp der Redaktion: Wer im Norden zu Gast ist, für den lohnt sich auch ein Besuch des Ladengeschäfts in Itzehoe. Hier wird man schon beim Betreten von den Düften der feinen Waren in eine andere Welt entführt ...

Mehr Spaß in der Pasta-Küche!

Die „Pasta Party“ ist eine der beliebtesten Gewürzmischungen von Edelschmaus. Ihr würziges Aroma von Tomaten, Paprika, Röstzwiebeln, Knoblauch, Petersilie und Chili passt wunderbar zu allen Nudelgerichten und verleiht auch Salaten, Dips und Dressings oder Risotto eine feine Note. Würzt auch eure selbst gemachten Nudelsoßen! Die „Pasta Party“ sowie viele weitere Genuss-Geschenke findet ihr unter www.edelschmaus.com

ALL IN ONE

Lieblinge mit Frühlingstwist

Mit Mixtopf, Kocheinsatz und Dampfgaraufsatz verwandelt ihr saisonale Marktangebote in absolute Highlights!

Rezepte: Lukas Nissen | Fotos & Styling: Tina Bumann

Gnocchi mit cremiger Kräutersoße

00 35 std : min

LOW CARB LOW FAT

PRO PORTION: 557 KCAL | 7 G E | 37 G F | 50 G KH

ZUTATEN FÜR 4 PERSONEN

- 1000 g Wasser
- 1 TL Gemüse-Gewürzpaste
- 600 g Gnocchi (Kühlregal)
- 20 g gemischte Kräuter (z. B. Basilikum, Dill, Petersilie)
- 1 Zwiebel, halbiert
- 1 Knoblauchzehe
- 2 EL Öl
- 200 g Sahne
- 200 g Crème fraîche
- 1 EL Stärke
- 1 TL Salz
- ½ TL Pfeffer
- 50 g Rucola

1 Wasser und Gewürzpaste in den füllen. Gnocchi so im tiefen Dampfgaraufsatz verteilen, dass der Dampf zirkulieren kann. Mit dem Deckel verschließen und **10 Min.** | dämpfen. Dampfgaraufsatz geschlossen absetzen und die Zutaten warm halten. Den leeren, dabei 100 g Garflüssigkeit auffangen. trocknen.

2 Kräuter in den geben, **5 Sek.** | **Stufe 8** zerkleinern, die Hälfte umfüllen. Zwiebel mit Knoblauch in den geben und **5 Sek.** | **Stufe 8** zerkleinern. Mit dem nach unten schieben. Öl zufügen und die Zutaten ohne Messbecher **3 Min.** | **Stufe 1** | **120°C** andünsten.

3 Sahne, Crème fraîche, Garflüssigkeit, Stärke, Salz sowie Pfeffer in den geben, **15 Sek.** | **Stufe 6** pürieren und ohne Messbecher **5 Min.** | **Stufe 1** | **100°C** aufkochen. Restliche Kräuter mit dem unterheben. Gnocchi, Soße und Rucola auf Tellern angerichtet servieren.

>CLEVER Die cremige Kräutersoße stellen wir aus einem Teil der Garflüssigkeit her, die wir zum Garen der Gnocchi verwendet haben, denkt daher daran, diese aufzufangen, sobald die Gnocchi gekocht sind. In Schritt drei wird diese Basis kurz mit Sahne, Crème fraîche und Stärke aufgekocht, dann gewürzt und fertig ist das schnelle Frühlingsgericht.

Spätzle „Holli“ all in one

00 40 std : min

PRO PORTION: 677 KCAL | 23 G E | 34 G F | 71 G KH

ZUTATEN FÜR 4 PERSONEN

- 1000 g Wasser
- 600 g Spätzle (Kühlregal)
- 250 g Brokkoli, in Röschen
- Salz
- Pfeffer
- 1 Zwiebel, halbiert
- 20 g Öl
- 200 g Sahne
- 100 g Sauce hollandaise
- 1 EL Frischkäse
- 2 EL Stärke
- 100 g Kochschinken, in Streifen

1 | Wasser in den geben. Spätzle im tiefen Dampfgaraufsatz verteilen, dabei darauf achten, dass die seitlichen Dampfschlitze frei bleiben. Brokkoli auf dem flachen Dampfgaraufsatz verteilen, mit je 1 Prise Salz und Pfeffer würzen. Den Dampfgaraufsatz geschlossen aufsetzen und alles **10 Min.** | dämpfen.

2 | Den Dampfgaraufsatz abnehmen und beiseitestellen. leeren. Zwiebel in den geben und **5 Sek.** | **Stufe 8** zerkleinern. Mit dem nach unten schieben. Das Öl zufügen und die Zwiebeln darin **3 Min.** | **Stufe 1** | **120°C** andünsten.

3 | Sahne, Sauce hollandaise, Frischkäse, ½ TL Salz sowie 3 Prisen Pfeffer zugeben und ohne Messbecher **5 Min.** | **Stufe 1** | **100°C** aufkochen. Währenddessen die Stärke mit 3 EL Wasser glatt rühren und langsam durch die Deckelöffnung in den geben. Die Spätzle mit Brokkoli, Schinken und Soße auf Tellern anrichten und servieren.

>HOLLANDAISE Für unser Spätzlegericht verwenden wir kurzerhand eine fertige Sauce hollandaise – der wir den Spitznamen „Holli“ verpasst haben! Die fertige Soße spart im Alltag Zeit. Wir verfeinern sie allerdings noch mit Sahne und Frischkäse, wodurch die Soße eine herrlich sämige Konsistenz erhält. Wer die Sauce hollandaise selbst kochen möchte, findet unser Basisrezept unter www.zaubermix.de

Fotos: Sonnentor (2)

Curry-Geschnetzeltes all in one

00 45 std : min

LOW CARB LOW FAT

PRO PORTION: 492 KCAL | 33 G E | 37 G F | 7 G KH

ZUTATEN FÜR 4 PERSONEN

- ★ 1000 g Wasser
- ★ 1 TL Gemüse-Gewürzpaste
- ★ 600 g Hähnchenbrustfilet, in Streifen
- ★ 1 Zwiebel, halbiert
- ★ 1 Knoblauchzehe
- ★ 2 EL Öl
- ★ 300 g Sahne
- ★ 2 EL Weizenmehl Type 405
- ★ 1½ EL Currypulver
- ★ 2 Prisen Pfeffer
- ★ Petersilie zum Garnieren

1 Wasser mit Gewürzpaste in den Mixtopf geben. Fleisch im tiefen Dampfgaraufsatz verteilen, verschlossen aufsetzen und **15 Min.** | Dampfgaren garen. Dampfgaraufsatz abnehmen und warm halten. Den Mixtopf leeren, dabei 200 g Garflüssigkeit auffangen.

2 Zwiebel und Knoblauch im Mixtopf **5 Sek.** | **Stufe 8** zerkleinern. Mit dem Spatel nach unten schieben. Öl zufügen und **3 Min.** | Anbraten andünsten.

3 Garflüssigkeit, Sahne, Mehl, Currypulver und Pfeffer in den Mixtopf geben. Ohne den Messbecher **5 Min.** | **Stufe 2** | **100°C** aufkochen. Soße mit dem Hähnchen vermengen und auf Tellern anrichten. Mit Petersilie garnieren und servieren.

CURRY FÜR ALLE

Currypulver ist kein einzelnes Gewürz, sondern immer ein Mix, der aus bis zu 30 Zutaten wie Kurkuma, Koriander, Kreuzkümmel, Chili, Pfeffer und mehr besteht. Je nachdem, wie ihr eure Mahlzeiten gern esst, könnt ihr auf mild-süße oder scharfe Mischungen zurückgreifen. Der Hersteller Sonnentor bietet beide Varianten in Bio-Qualität an. Lagert das Gewürz unbedingt trocken und dunkel und verbraucht es in rund einem Jahr.

Entspannt kochen
– entspannt genießen

GROSSE PORTION

Für diese Schlemmer„pfanne" garen Fleisch, Gemüse, Kartoffeln und Soße im Monsieur. Im Kocheinsatz kochen wir 500 g Kartoffeln, im tiefen Dampfgaraufsatz sind 600 g Hähnchen platziert, im flachen verteilen wir 600 g Gemüse. Sind diese Zutaten allesamt gegart, fehlt nur noch die cremige Sahnesoße, die im aus Garflüssigkeit gekocht wird. So einfach!

Foto: Anna Gieseler (1)

Schlemmer-Hähnchenpfanne

00:50 std : min

LOW CARB · LOW FAT

PRO PORTION: 571 KCAL | 40 G E | 28 G F | 44 G KH

ZUTATEN FÜR 4 PERSONEN

- **1000 g Wasser**
- **2 TL Gemüse-Gewürzpaste**
- **600 g Hähnchenbrustfilet, in Stücken**
- **Salz**
- **Pfeffer**
- **200 g Karotten, in schrägen Scheiben**
- **200 g Champignons, in Scheiben**
- **500 g Kartoffeln, in Würfeln**
- **200 g Erbsen (TK)**
- **1 Zwiebel, halbiert**
- **1 Knoblauchzehe**
- **1 EL Olivenöl**
- **200 g Sahne**
- **1 EL Tomatenmark**
- **1 EL gemischte Kräuter (TK)**
- **2 EL Stärke**
- **Schnittlauch zum Garnieren**

1 | Wasser und die Gewürzpaste in den geben. Hähnchen im tiefen Dampfgaraufsatz verteilen und mit 1 TL Salz sowie ½ TL Pfeffer würzen. Karotten und Pilze auf dem flachen Dampfgaraufsatz verteilen.

2 | Den Kocheinsatz einhängen und die Kartoffeln einwiegen. Den tiefen Dampfgaraufsatz geschlossen aufsetzen und alles **20 Min.** | garen. In den letzten 5 Min. die Erbsen mit auf den flachen Dampfgaraufsatz geben. Nach Garzeitende den tiefen Dampfgaraufsatz vorsichtig abnehmen. Kocheinsatz mithilfe des entnehmen. Den leeren, dabei die Garflüssigkeit auffangen.

3 | Die Zwiebel und den Knoblauch in den geben, **5 Sek.** | **Stufe 8** zerkleinern. Mit dem nach unten schieben. Öl zufügen und **2 Min.** | **Stufe 1** | **120°C** andünsten.

4 | 200 g Garflüssigkeit, Sahne, Tomatenmark, Kräuter, 1 TL Salz sowie 3 Prisen Pfeffer zugeben und **5 Sek.** | **Stufe 5** vermengen, dann ohne Messbecher **6 Min.** | **Stufe 2** | **100°C** köcheln lassen. Stärke mit 4 EL Wasser glatt rühren und in der letzten Minute zugießen.

5 | Kartoffeln, Gemüse und Hähnchen zugeben, mit dem vermengen. Auf Tellern anrichten und mit Schnittlauch garniert servieren.

REIS WARM HALTEN

Hebt den Garkorb vorsichtig aus dem, nehmt den Messbecher aus dem Monsi-Deckel und stellt den Garkorb auf den Deckel. Deckt den Garkorb noch mit einem frischen Geschirrtuch ab. Die aufsteigende Hitze, die durch das Kochen der Soße entsteht, hält den Reis warm, bis alles servierfertig ist.

Dieses Mittagessen kocht sich fast von allein

Lachswürfel in Senf-Schmand-Soße

00 40 std : min

LOW CARB LOW FAT

PRO PORTION: 875 KCAL | 38 G E | 54 G F | 61 G KH

ZUTATEN FÜR 4 PERSONEN

- 600 g Lachsfilet, in Würfeln
- Salz
- Pfeffer
- 2 Paprikaschoten (gelb und rot), in Stücken
- 250 g Parboiled Reis
- 2 TL Gemüse-Gewürzpaste
- 1500 g Wasser
- 1 Zwiebel, halbiert
- 1 Knoblauchzehe
- 30 g Butter
- 300 g Schmand
- 100 g Sahne
- 1½ EL Senf
- 1 TL Honig
- 2 Frühlingszwiebeln, in Ringen, zum Garnieren

1 | Den Lachs im tiefen Dampfgaraufsatz verteilen und mit 1 TL Salz sowie ½ TL Pfeffer würzen. Die Paprikaschoten in den geben, **2 Sek. | Stufe 6** zerkleinern und auf dem flachen Dampfgaraufsatz verteilen. Den flachen Dampfgaraufsatz auf den tiefen Dampfgaraufsatz aufsetzen, Deckel auflegen und beiseitestellen.

2 | Reis in den Kocheinsatz einwiegen, unter fließendem Wasser waschen und in den einsetzen. Die Gewürzpaste mit Wasser zugeben. Tiefen Dampfgaraufsatz geschlossen aufsetzen und alles **15 Min. |** garen. Den tiefen Dampfgaraufsatz abnehmen und zur Seite stellen. Den Kocheinsatz mithilfe des aus dem nehmen und den Reis warm halten. Den leeren, dabei die Garflüssigkeit auffangen.

3 | Zwiebel mit Knoblauch in den geben und **5 Sek. | Stufe 8** zerkleinern. Mit dem nach unten schieben. Butter zufügen und **2 Min. | Stufe 1 | 100 °C** andünsten.

4 | Schmand, Sahne, 50 g Garflüssigkeit, Senf, Honig, 1 TL Salz sowie ½ TL Pfeffer zugeben und **5 Sek. | Stufe 5** vermengen. Dann **5 Min. | Stufe 2 | 100 °C** aufkochen. Paprika mit Lachs zugeben und mit dem vorsichtig vermengen. Reis mit der Lachssoße auf Tellern anrichten, mit Frühlingszwiebeln garnieren und servieren.

Foto: Archiv (1)

ZauberMix

News

Wer **ZauberMix** kennt, der weiß, dass kein Tag vergeht, an dem es nicht etwas Spannendes zu berichten gibt. Erfahrt hier alles Wichtige!

DAS SCHMECKT DER GANZEN FAMILIE!

Darauf haben wir uns schon lange gefreut: Unser neues Kochbuch für Familien ist endlich da! Wir haben darin all unsere besten Rezepte und Tipps für den Monsieur Cuisine zusammengestellt, die es den Eltern unter euch erleichtern, im Alltag mehr selbst zu kochen – und das zeitsparend, effektiv und lecker. Im Kochbuch findet ihr schnelle, einfache Rezepte für die ganz normale Woche und genauso für die besonderen Anlässe wie Geburtstage und Schulfeste. Außerdem bietet es euch zahlreiche praktische Ratgeber und Tricks, mit denen ihr immer schnell eine Leckerei aus dem Monsi zaubert und eure Liebsten begeistert.

Das Buch gibt es ab sofort überall im Buchhandel und natürlich unter www.zaubertopf-shop.de

GÖNNT ES EUCH!

Wusstet ihr, dass ihr euch eine wertvolle Prämie aussuchen könnt, wenn ihr das **monsieur cuisine by ZauberMix** Magazin im Abo bestellt? Das am häufigsten gewählte Zubehör ist übrigens die Saftpresse für den Monsieur Cuisine im Wert von rund 40 Euro. Hier geht's direkt zu den Abo-Optionen: www.falkemedia-shop.de

EURE MEINUNG ZÄHLT!

Wir legen größten Wert auf eure Meinung zu all unseren Rezepten, Tipps und Formaten in der **ZauberMix** Welt. Gebt uns jetzt in unserer großen Umfrage euer persönliches Feedback. Denn uns geht es darum, euch jeden Tag Ideen zu liefern, die euch Freude bereiten und wirklich weiterhelfen. Wir sagen schon jetzt: Danke für eure Teilnahme!

www.zaubermix.de/umfrage2025

Endlich wieder da!

Unser Set aus 3 Backmischungen für hausgemachte Brote ist ab sofort wieder im **ZauberTopf** Shop erhältlich. Gratis dabei: die praktische ZauberCard. 17,85 Euro

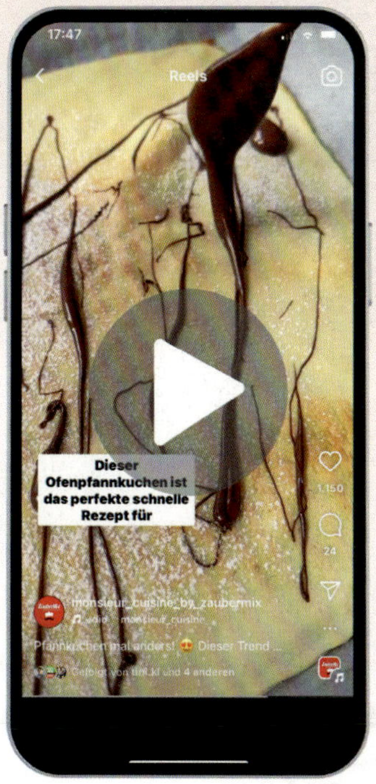

Schnelle Trend-Rezepte aus dem Monsieur Cuisine teilt Isy auf unserem Instagram-Kanal @monsieur_cuisine_ by_zaubermix.de

NEUER SPÄTZLESPASS

Lust auf Spätzle mit Jägersoße? Ab sofort könnt ihr die Spätzle dafür in Windeseile mit dem Monsieur zubereiten. Der mixle® Aufsatz wird direkt in die Öffnung des Deckels geführt. Hier hinein füllt ihr die Spätzlemasse und mit einem Twist fallen die feinen Teiglinge in das Garwasser im Mixtopf. Jetzt nur noch garen und Lieblingsgericht genießen. Besser als gekauft! Ihr findet das Zubehör für ca. 35 Euro unter www.zaubertopf-shop.de

monsieur cuisine

Der Überraschungs-Hit im Frühjahr: unser Karotten-Tomaten-Aufstrich. Habt ihr ihn schon probiert? Ihr findet das Rezept unter www.zaubermix.de

„Meeeeggggaaa. Das ist der Wahnsinn. Wird ab jetzt jede Woche gemacht"
★★★★★

Fotos: Julia Eickmeyer (1); Anna Gieseler (1); Archiv (8); Tina Bumann (1)

Hausgemacht: KÄSEKUCHEN

Ein Klassiker wie bei Oma, aber supereasy im Mixtopf gerührt! Zaubert euch Schritt für Schritt einen buttrigen Mürbeteig und eine sahnige Cremefüllung – perfekt für eure Kaffeetafel

Rezept: Elisa Schilling | Fotos & Styling: Anna Gieseler

Käsekuchen mit Boden

Rezept siehe Seite 38

Im Mousi entsteht
die seidige Textur der Füllung

3 MAL ANDERS

MIT SAISONALEM TWIST
Unser klassischer Käsekuchen ist mit saisonalem Kuchendekor schnell festlich verziert. Für Ostern stecken wir einige Marzipankarotten in die Oberfläche und streuen gehackte Pistazien als „Wiese" auf. Wer mag, kann im Mürbeteig die Hälfte des Mehls auch durch gemahlene Haselnüsse ersetzen.

MIT SCHOKOBODEN
Um dem Käsekuchen eine Schokonote zu verpassen, gebt in Schritt 1 40 g Backkakao und dafür 50 g weniger Mehl mit an den Teig für den Boden. Als Topping passen angedickte Kirschen oder fertige rote Grütze.

VOM BLECH
Den Käsekuchen aus der Springform könnt ihr auch auf dem Blech zubereiten. Dafür Zutaten verdoppeln, Mürbeteig ohne Rand flach auf dem mit Backpapier ausgelegten Blech ausrollen, Creme daraufgießen. Die Backzeit verkürzt sich auf ca. 45 Minuten.

Diese drei Käsekuchen-Variationen sowie viele weitere findet ihr unter WWW.ZAUBERMIX.DE

Käsekuchen mit Boden

01 | 20 std : min

LOW CARB LOW FAT

PRO STÜCK: 383 KCAL | 10 G E | 20 G F | 40 G KH

ZZGL. 30 MIN. RUHEZEIT

ZUTATEN FÜR 12 STÜCKE

FÜR DEN TEIG
* **250 g Weizenmehl Type 405**
* **150 g kalte Butter, in Stücken**
* **125 g Zucker**
* **1 Pck. Backpulver**
* **1 TL selbst gemachter Vanillezucker**
* **1 Ei**
* **1 Prise Salz**

FÜR DIE FÜLLUNG
* **130 g Zucker**
* **2 TL selbst gemachter Vanillezucker**
* **70 g Butter, in Stücken**
* **500 g Magerquark**
* **100 g Sahne**
* **3 Eier**
* **2 EL Zitronensaft**

AUSSERDEM
* **Springform (Ø 26 cm)**

1 Alle Zutaten für den Teig in den geben und **20 Sek. | Stufe 5** vermengen. Den Teig zu einem Riegel formen und abgedeckt 30 Min. kalt stellen. Den spülen.

2 Für die Füllung Zucker, Vanillezucker, Butter in den geben, **2 Min. | Stufe 3** cremig rühren. Quark, Sahne, Eier und Zitronensaft zufügen und **20 Sek. | Stufe 4** vermengen. Ggf. mit dem vom Boden lösen und erneut **20 Sek. | Stufe 4** vermengen.

3 Den Backofen auf 180 °C Ober-/Unterhitze vorheizen. Den Boden der Springform mit Backpapier auslegen und den Rand fetten. Den Teig in die Springform geben, mit den Händen festdrücken und dabei einen Rand hochziehen.

4 Füllung auf den Boden geben und im heißen Ofen ca. 20 Min. backen. Mit einem Messer 2 cm vom Rand einen Kreis in die Oberfläche ziehen, so reißt der Kuchen nicht unregelmäßig auf. Weitere 40 Min. fertig backen. Eine Stäbchenprobe machen, den Kuchen aus dem Ofen nehmen und vollständig auskühlen lassen. Anschließend aus der Form lösen und servieren.

>TIPP Für eine ebenmäßige Textur ohne Lufteinschlüsse wendet folgenden Trick an: Ist die Quarkmasse in die Form gefüllt, hebt diese leicht an und lasst sie einmal vorsichtig auf die Arbeitsfläche zurückfallen. So steigen unerwünschte Luftbläschen aus dem Teig auf.

Ich freue mich über eure Nachrichten, Fragen und schönen Fotos, die ihr an redaktion@zaubermix.de schickt. Gern weiter so!

COMMUNITY

Eure Post

Wir zeigen zauberhafte Momente aus euren Küchen!

INSPIRATION AUS EUREN BACKSTUBEN

Wie schön zu sehen, dass ihr unsere süßen Amerikaner mit so viel Liebe nachmixt. *„Der ganzen Familie haben sie geschmeckt, kein Krümel ist übrig geblieben"*, schreibt uns **ZauberMix** Fan Claudia und hat ein Foto mitgeschickt, genauso wie Kerstin und „mutsch85". Danke fürs Teilen eurer Kreationen!

SCHNELLER FEIERABENDHIT

Unser Gnocchi-Salat kommt bei der Community gut an. Pluspunkte: wenige Zutaten, schnelle Zubereitung und köstlich zu jeder Jahreszeit. Club-Mitglied „pillasch. andrea" schreibt *„Dieser Salat ist einfach nicht von dieser Welt. Soooo lecker und wenn die Gnocchi noch warm sind, einfach wow. Geschmacklich eine 10/10."* Anne N ergänzt: *„Mega lecker ... immer wieder ein Genuss."*

ZauberMix Leserin Steffi schrieb uns, dass ihr Mann sie zu Weihnachten mit einem Monsieur im eleganten Farbton Champagner überrascht hat. Dazu gab es noch ein Jahresabo unseres monsieur cuisine Magazins. *„Mein Mann hat eine super Farbwahl getroffen und der Monsi passt perfekt in unsere Küche!"* Das finden wir auch, liebe Steffi. Wir wünschen dir viel Freude beim Mixen mit deinem neuen Küchenhelden!

KUNTERBUNTE OSTEREIER

Auf **ZauberMix.de** ist die Community einer Meinung: Eier färben gelingt mit dem Monsi ganz easy! Mitglied „olsson-Bande" schreibt: *„Sooo toll! Es geht ratzfatz, sieht schön aus und die Eier sind perfekt gekocht."* Auch „tthiesgirl" ist begeistert: *„Wie jedes Jahr, (hat es) wieder super geklappt. Und die Küche sah nicht wie ein Schlachtfeld aus."* Wer von euch probiert das Eierfärben im Monsi dieses Jahr zum ersten Mal? Wir freuen uns auf mehr Osternester!

Fotos: Maren Eicks (1); Anna Gieseler und Kathrin Knoll (1); Anna Gieseler (1); Privat (9); Archiv (1)

Frühlingsturbo

Wir verwandeln Spargel, Hähnchen und junges Gemüse mit smarten Blitzrezepten in vier neue Ideen zum Mittag

Rezepte: Lukas Nissen

FIX

Alle Ideen sind in max. 20 Minuten zubereitet

20 MINUTEN

20-Minuten-Frühlings-Ravioli vom Blech

PRO PORTION: 608 KCAL | 19 G E | 37 G F | 51 G KH

ZUTATEN FÜR 4 PERSONEN

- 50 g Parmesan, in Stücken
- 50 g Basilikumblättchen
- 2 Knoblauchzehen
- 30 g Pinienkerne zzgl. einige zum Garnieren
- 60 g Olivenöl
- Saft von 1 Limette
- ½ TL Salz
- 3 Prisen Pfeffer
- 500 g Kirschtomaten, halbiert
- 400 g grüner Spargel, unteres Drittel geschält, halbiert
- 750 g Ravioli (Kühlregal, z.B. mit Spinat- und Ricotta-Füllung)

1 | Den Backofen auf 180 °C Umluft vorheizen. Ein Backblech mit Backpapier belegen.

2 | Parmesan, Basilikum, Knoblauch und Pinienkerne in den geben, **10 Sek.** | **Stufe 10** zerkleinern. Öl, Limettensaft, Salz sowie Pfeffer zufügen und **5 Sek.** | **Stufe 4** vermengen.

3 | Tomaten, Spargel sowie Ravioli auf dem Backblech verteilen und mit dem Pesto vermengen. Im heißen Backofen ca. 13 Min. backen. Einmal durchrühren und weitere 5 Min. fertig backen. Aus dem Ofen nehmen, mit Pinienkernen garnieren und servieren.

UNSERE QUICKTIPPS

Das Frühlingspesto habt ihr in 10 Sekunden gemixt, der grüne Spargel braucht kaum Vorbereitung und gart im Nu. Gemeinsam mit den fertigen Ravioli aus dem Kühlregal zaubert ihr ein schnelles, köstliches Gericht, das ihr nur noch schnell in den Ofen schieben braucht.

Fotos: Tina Bumann (2)

20 MINUTEN

20-Minuten-Hähnchen-Mais-Nudel-Pfanne

PRO PORTION: 795 KCAL | 49 G E | 20 G F | 108 G KH

ZUTATEN FÜR 4 PERSONEN

- 500 g Penne
- Salz
- 1 Zwiebel, halbiert
- 1 Knoblauchzehe
- 3 EL Öl
- 100 g Wasser
- 250 g passierte Tomaten
- 200 g Frischkäse
- 1 TL Gemüse-Gewürzpaste
- 3 Prisen Pfeffer
- 2 Paprikaschoten (grün und rot), in Würfeln
- 140 g Mais (Dose), abgetropft
- 500 g Hähnchenbrustfilet, in Würfeln
- Petersilie zum Garnieren

1 | Die Pasta in kochendem Salzwasser bissfest garen. Währenddessen Zwiebel mit Knoblauch in den geben, **5 Sek.** | **Stufe 8** zerkleinern und mit dem nach unten schieben. Dann 1 EL Öl zufügen und alles **3 Min.** | **Stufe 1** | **120 °C** andünsten.

2 | Wasser, passierte Tomaten, Frischkäse, Gewürzpaste, 1 TL Salz, Pfeffer, Paprika sowie Mais zugeben und **5 Min.** | | **Stufe 1** | **100 °C** aufkochen.

3 | Das restliche Öl in einer großen Pfanne erhitzen und das Hähnchenfleisch darin anbraten. Pasta mit Soße zugeben und alles vermengen. Auf Tellern anrichten und mit Petersilie garniert servieren.

>**TIPP** Ihr könnt alle Zutaten länger bevorraten und braucht nur frisches Fleisch zu ergänzen.

XXL-KRAUTSALAT
Der Krautsalat, der die Hotdogs verfeinert, lässt sich ideal vorbereiten und problemlos in größeren Mengen herstellen. Im Kühlschrank bleibt er tagelang frisch – perfekt, um jederzeit eine leckere Beilage parat zu haben.

15
MINUTEN

15-Minuten-Laugen-Hotdogs

LOW CARB LOW FAT

PRO PORTION: 980 KCAL | 20 G E | 73 G F | 65 G KH

ZUTATEN FÜR 4 PERSONEN

FÜR DEN KRAUTSALAT
- **1 Zwiebel, halbiert**
- **Blättchen von 10 Stielen Petersilie zzgl. etwas zum Garnieren**
- **200 g Weißkohl, in Stücken**
- **200 g Rotkohl, in Stücken**
- **50 g Gewürzgurken, halbiert**
- **1 EL Zucker**
- **20 g Öl**
- **20 g heller Balsamicoessig**
- **2 EL Gurkenwasser**
- **Salz**
- **Pfeffer**

FÜR DIE HOTDOGS
- **150 g Sonnenblumenöl**
- **50 g Milch (Zimmertemperatur)**
- **1 EL mittelscharfer Senf**
- **1 TL Zitronensaft**
- **150 g Schmand**
- **4 Laugenstangen**
- **4 Wiener Würstchen**
- **50 g Tomatenketchup**

1 Für den Krautsalat die Zwiebel mit der Petersilie in den geben und **5 Sek. | Stufe 8** zerkleinern. Die restlichen Zutaten mit ½ TL Salz sowie 3 Prisen Pfeffer zufügen und mithilfe des **4–6 Sek. | Stufe 6** zerkleinern. Umfüllen.

2 Für die Hotdogs Öl in ein separates Gefäß einwiegen. Milch, Senf, Zitronensaft sowie je 2 Prisen Salz und Pfeffer in den geben. Alles **2 Min. | Stufe 4** vermengen, dabei das Öl bei eingesetztem Messbecher langsam auf den Deckel des gießen. Schmand zugeben und **10 Sek. | Stufe 3** unterrühren.

3 Die Laugenstangen einschneiden und mit Schmand-Mayonnaise, Krautsalat und Würstchen füllen. Mit weiterer Mayo und Ketchup beträufeln und mit Petersilie garniert servieren.

10
MINUTEN

10-Minuten-Apfel-Möhren-Rohkost de luxe

PRO PORTION: 516 KCAL | 8 G E | 40 G F | 37 G KH

ZUTATEN FÜR 4 PERSONEN

* 150 g Walnüsse
* 500 g grüne Äpfel, in Stücken
* 500 g Karotten, in Stücken
* 80 g Crème fraîche
* 15 g Apfelessig
* 30 g Öl
* 2–3 Spritzer Zitronensaft
* ½ TL Salz
* 3 Prisen Pfeffer
* Petersilie zum Garnieren

Fotos: Tina Bumann (1); Anna Gieseler (1)

1 Die Walnüsse in den geben und **3 Sek. | Stufe 5** zerkleinern. Umfüllen.

2 Die Äpfel in den geben, **3–4 Sek. | Stufe 6** zerkleinern und zu den Walnüssen geben. Karotten, Crème fraîche, Essig, Öl, Zitronensaft, Salz sowie Pfeffer in den füllen und **3–4 Sek. | Stufe 6** zerkleinern. Ebenfalls zu den Äpfeln und Walnüssen geben. Vermengen und mit Petersilie garniert servieren.

>TIPP Wenn ihr die Nüsse lieber etwas feiner mögt, könnt ihr sie statt **2 Sek.** auch **3 Sek. | Stufe 4** zerkleinern. So erhalten alle Stücke, einschließlich der Nüsse, eine ähnliche Größe.

KLASSIKER NEU GEDACHT

Frisch, selbst gemacht und das in nur 10 Minuten – einfacher geht's nicht! Die Äpfel und die Karotten zerkleinert der Monsieur Cuisine im Handumdrehen, gleichzeitig mixt ihr das Dressing. Und genau hier verstecken sich die Geheimzutaten: Apfelessig, Crème fraîche und ein Hauch Zitronensaft verleihen diesem Salat eine cremige, frische Note, die ihn zu einer echten De-luxe-Version des Klassikers macht.

TREND-SPEZIAL

Langlebigkeit bringt Freude

Neue Technik ermöglicht es euch, täglich nachhaltiger zu leben und so die Umwelt zu schonen. Die neuesten Entdeckungen zeigen wir hier

Robuste Basics, zeitloses Design

In Sachen nachhaltiger Küchengestaltung bietet der Hersteller next125 viele konkrete Ansätze, die langlebig und dabei stilvoll sind. Robuste Basis-Materialien wie Linoleum verleihen der Küche ein modernes Äußeres und halten zudem mühelos den täglichen Anforderungen stand. Farbkonzepte wie Naturgrau und Olivgrün gehen mit der Zeit und sorgen für eine zeitlose Ausstrahlung. Mehr Infos unter www.next125.com

Der „greenyWATER“ mit Energiestein und Tesla-Spule sorgt jeden Tag für kristallklares Wasser. Ab ca. 1.240 Euro, Infos unter www.greenyplus.com

SPARSAMES MULTITALENT

Kompakt und effizient: Der 6-Liter-Air-Fryer „NF-CC600“ von Panasonic spart Platz in der Küche und übernimmt das Backen und Frittieren vom Backofen. Dabei spart er über 50 % Energie sowie 40 % Zubereitungszeit. Weil kein zusätzliches Fett nötig ist, gelingen Speisen außerdem gesünder als in der Pfanne. Besonders: Das Sichtfenster ermöglicht es, den Backfortschritt ohne Unterbrechung des Garvorgangs zu kontrollieren. Ab ca. 150 Euro, www.panasonic.com

Küchenkomposter

Anstatt wertvolle Gemüse- und Obstreste zu entsorgen, könnt ihr sie in den kompakten „We Earth“ Küchenkomposter geben, der in kürzester Zeit feinen Kompost daraus macht. So könnt ihr die Nährstoffe euren Zimmer- und Balkonpflanzen zugute kommen lassen. Ca. 700 Euro, www.weearth.de

ZUVERLÄSSIGE INVESTITION

Euer Monsieur Cuisine ist ein echter Gewinn in Sachen Nachhaltigkeit

ALLES IN EINEM GERÄT

Der Monsi vereint bereits mit der Grundausstattung zahlreiche Funktionen in einem Gerät. Er kann rühren, kneten, erwärmen, dampfgaren und so viel mehr. Wer sich für die Anschaffung eines Monsi entscheidet, investiert clever. Denn: Ihr vermeidet automatisch zusätzliche Ausgaben für weitere Küchengeräte, die jeweils nur eine dieser Funktionen mitbringen. Extraplus: Ihr spart Platz in der Küche!

FUNKTIONEN ERWEITERN

Wer möchte, kann dem Monsieur Cuisine mit smarten Zubehören weitere Funktionen verpassen. Inzwischen findet ihr Einsätze zum Kartoffelschälen oder Saftpressen. So passt sich der Monsieur Cuisine immer euren Bedürfnissen an.

LANGLEBIGKEIT

Der Monsieur Cuisine ist ein zuverlässiger Küchenhelfer, der euch lange begleitet. Sollte doch einmal etwas ausgetauscht werden müssen, gibt es für viele Zubehörteile passende Ersatzoptionen – vom Messer über den Deckel bis hin zum Sockel des Mixtopfs. Ein Blick auf die Website www.monsieur-cuisine.com lohnt sich.

KUNDENSUPPORT UND GARANTIE

Auch beim Service seid ihr bestens versorgt. Der Kundenservice von Silvercrest steht euch bei technischen Fragen zur Seite. Dank der Garantie von drei Jahren könnt ihr euch auf eine langfristige Nutzung verlassen. Falls euer Gerät eingeschickt werden muss, bekommt ihr sogar einen Paketschein zugeschickt – so ist der Versand ganz unkompliziert.

Fotos: next125 (1); Greenyplus.com (1); Archiv (1); Panasonic (1); WeEarth (1)

NEUE OFENHITS

im Frühling

Jetzt kombinieren wir Hähnchen, Hackbällchen, Fisch und mehr mit saisonalem Gemüse, Kräutern und aromatischen Soßen. Der Backofen macht die Zubereitung herrlich bequem

Rezepte: Lukas Nissen & Elisa Schilling

TITELREZEPT

Frühlingsauflauf mit Bacon-Hähnchen

Rezept siehe Seite 51

Foto: Ira Leoni (1)

Einfacher Frikadellenauflauf

Rezept siehe Seite 52

DEFTIG MACHT *glücklich!*

Hähnchenauflauf mit Knusper-Topping
Rezept siehe Seite 52

KNUSPER-EFFEKT

Dieser Auflauf sorgt garantiert für Staunen, dabei ist der Effekt einfach erzielt: Schneidet ein paar Bahnen Blätterteig in kleine Stücke und legt diese vor dem Backen auf den Auflauf. Das feine Knuspern bietet einen tollen Kontrast zum heißen Hähnchen und Gemüse in cremiger Soße.

Fotos: Anna Gieseler (1); Sandra Leibinger (1); Archiv (1)

Foto: Anna Gieseler (1)

Schlemmerfilet Bordelaise

00 30 std : min

LOW CARB · LOW FAT

PRO PORTION: 351 KCAL | 37 G E | 18 G F | 11 G KH

ZZGL. 45 MIN. RUHEZEIT

ZUTATEN FÜR 4 PERSONEN

- **75 g weiche Butter zzgl. etwas zum Fetten**
- **10 g gemischte Kräuter (z. B. Dill, Petersilie) zzgl. einige zum Garnieren**
- **1 Knoblauchzehe**
- **75 g Panko**
- **1 TL Senf**
- **Abrieb und Saft von ½ unbehandelten Zitrone**
- **½ TL Salz**
- **½ TL Pfeffer**
- **4 Kabeljaufilets ohne Haut (à 200 g)**

AUSSERDEM

- **Auflaufform (30×20 cm)**

1 | Auflaufform mit etwas Butter einfetten. Kräuter in den geben, **5 Sek.** | **Stufe 8** zerkleinern und umfüllen.

2 | Knoblauch in den geben und **2 Sek.** | **Turbo** zerkleinern. Mit dem nach unten schieben. Butter zufügen und **3 Min.** | **Stufe 1** | **100 °C** andünsten. Kräuter, Panko, Senf, Zitronenabrieb und -saft, Salz sowie Pfeffer zugeben, **15 Sek.** | | **Stufe 3** verrühren.

3 | Die Mischung auf einem Brett mit Frischhaltefolie rechteckig in der Größe der Fischfilets verstreichen. Für 45 Min. in den Tiefkühler geben. Backofen auf 200 °C Ober-/Unterhitze vorheizen. Kabeljaufilets in die Auflaufform legen. Buttermischung in 4 passende Stücke schneiden und auf die Filets geben. Im heißen Ofen 15–20 Min. garen. Herausnehmen und mit Kräutern garniert servieren.

>TIEFKÜHLTRICK Damit das Topping an Ort und Stelle bleibt, geben wir es vor dem Backen für kurze Zeit in den Gefrierschrank. Danach lässt es sich besser auf den Fischfilets platzieren und bröselt nicht herunter.

Frühlingsauflauf mit Bacon-Hähnchen und Honig-Senf-Soße

01 20 std : min

LOW CARB · LOW FAT

PRO PORTION: 849 KCAL | 55 G E | 54 G F | 38 G KH

ZUTATEN FÜR 4 PERSONEN

FÜR DEN AUFLAUF

- **600 g Hähnchenfilet**
- **200 g Bacon, in Scheiben**
- **300 g Drillinge, halbiert**
- **300 g Karotten, in schräg geschnittenen Scheiben**
- **4 Schalotten, halbiert**
- **Petersilie zum Garnieren**

FÜR DIE SOSSE

- **1 Knoblauchzehe**
- **2 EL Öl**
- **400 g Sahne**
- **40 g Honig**
- **40 g mittelscharfer Senf**
- **1 EL Stärke**
- **½ TL Gemüse-Gewürzpaste**
- **Salz**
- **Pfeffer**

FÜR DEN DIP

- **200 g Quark**
- **2 EL gemischte Kräuter (TK)**

AUSSERDEM

- **Auflaufform (30×20 cm)**

1 | Hähnchen in 8 Stücke schneiden, jedes Stück mit Bacon umwickeln und in einer heißen Pfanne von allen Seiten ca. 5 Min. anbraten. In die Auflaufform geben. Drillinge, Karotten und halbierte Schalotten zwischen dem Hähnchen verteilen. Den Backofen auf 180 °C Ober-/Unterhitze vorheizen.

2 | Für die Soße Knoblauch in den geben und **2 Sek.** | **Turbo** zerkleinern, mit dem nach unten schieben. Öl zufügen und **3 Min.** | **Stufe 1** | **120 °C** andünsten. Sahne, Honig, Senf, Stärke sowie Gewürzpaste zugeben und **5 Sek.** | **Stufe 6** vermengen. Alles **5 Min.** | **Stufe 2** | **90 °C** erhitzen. Die Soße mit Salz und Pfeffer abschmecken und über das Fleisch und die Kartoffeln geben.

3 | Den Auflauf im Ofen ca. 50 Min. backen. In der Zwischenzeit Quark mit Kräutern, Salz und Pfeffer verrühren. Auflauf aus dem Ofen nehmen, mit Petersilienblättern bestreuen und mit Kräuterquark als Beilage servieren.

LEICHT GEMACHT *und lecker*

Einfacher Frikadellenauflauf

00 55 std : min

LOW CARB

PRO PORTION: 616 KCAL | 34 G E | 48 G F | 15 G KH

ZUTATEN FÜR 4 PERSONEN

- **100 g Gouda, in Stücken**
- **500 g Blumenkohl, in Röschen**
- **500 g gemischtes Hackfleisch**
- **Salz**
- **Pfeffer**
- **1 TL edelsüßes Paprikapulver**
- **1 Zwiebel, halbiert**
- **20 g Butter zzgl. etwas zum Fetten**
- **20 g Weizenmehl Type 405**
- **200 g Wasser**
- **200 g Crème fraîche**
- **1 TL Gemüse-Gewürzpaste**
- **1 TL Senf**
- **Petersilie zum Garnieren**

AUSSERDEM
- **Auflaufform (ca. 30×20 cm)**

1 | Den Backofen auf 180 °C Ober-/Unterhitze vorheizen. Die Auflaufform fetten. Gouda in den Mixtopf geben, **8 Sek.** | **Stufe 8** zerkleinern und umfüllen.

2 | Blumenkohl in der Auflaufform verteilen. Hackfleisch in einer Schüssel mit 1 ½ TL Salz, 3 Prisen Pfeffer sowie Paprikapulver würzen. Daraus etwa 16 kleine Bällchen formen und zwischen den Blumenkohl in die Form legen.

3 | Für die Soße Zwiebel in den Mixtopf geben, **5 Sek.** | **Stufe 8** zerkleinern und mit dem Spatel nach unten schieben. Butter in den Mixtopf geben und **3 Min.** | **Stufe 1** | **100 °C** schmelzen lassen. Mehl zufügen und **3 Min.** | **Stufe 1** | **100 °C** andünsten. Wasser, Crème fraîche, Gewürzpaste, Senf, ½ TL Salz sowie 2 Prisen Pfeffer zugeben und alles **10 Min.** | **Stufe 3** | **100 °C** kochen.

4 | Soße über den Hackbällchen verteilen, mit Käse bestreuen und den Auflauf ca. 25 Min. backen. Herausnehmen und mit Petersilie bestreut servieren.

Hähnchenauflauf mit Knusper-Topping

00 45 std : min

PRO PORTION: 785 KCAL | 45 G E | 46 G F | 51 G KH

ZUTATEN FÜR 4 PERSONEN

- **1 Zwiebel, halbiert**
- **1 Knoblauchzehe**
- **20 g Butter zzgl. etwas zum Fetten**
- **300 g Champignons, in Scheiben**
- **1 EL Weizenmehl Type 405**
- **30 g Wasser**
- **200 g Sahne**
- **Salz**
- **Pfeffer**
- **500 g Hähnchenbrustfilet, in Würfeln**
- **2 EL Öl zum Braten**
- **250 g Karotten, in Stücken**
- **250 g Erbsen (TK)**
- **1 frischer Blätterteig (z.B. Tante Fanny, 300 g)**
- **1 Ei, verquirlt**
- **frische Kräuter zum Garnieren**

AUSSERDEM
- **Auflauf- oder Tarteform (Ø 26 cm)**

1 | Zwiebel und Knoblauch im Mixtopf **5 Sek.** | **Stufe 8** zerkleinern. Mit dem Spatel nach unten schieben. Butter zufügen und **2 Min.** | **Stufe 1** | **120 °C** andünsten. Pilze zugeben, weitere **3 Min.** | Anbraten dünsten.

2 | DAs Mehl mit Wasser verrühren. Mit Sahne, 1 TL Salz sowie ½ TL Pfeffer in den Mixtopf geben, alles **8 Min.** | Linkslauf | **Stufe 1** | **100 °C** ohne Messbecher kochen, dabei den Kocheinsatz als Spritzschutz aufsetzen.

3 | Ofen auf 180 °C Ober-/Unterhitze vorheizen. Die Backform fetten. Hähnchen mit Salz und Pfeffer würzen, in einer Pfanne in etwas Öl scharf anbraten, in der Auflaufform verteilen. Gemüse mit Soße darübergeben und vermengen.

4 | Teig entrollen, in Rechtecke schneiden, über die Füllung legen und mit Ei bestreichen. Den Auflauf ca. 30 Min. backen. Dann herausnehmen, mit Kräutern garnieren und servieren.

FÜR JEDE GELEGENHEIT

Quarkauflauf ist eine Süßspeise, die zum einen aus wenigen Zutaten zubereitet ist und die sich für jede Tageszeit eignet. Ihr könnt eine Portion zum Frühstück genießen, den Auflauf als Alternative zu Milchspeisen wie Milchreis oder Grießbrei zum Mittag servieren oder auch als Dessert reichen.

Quarkauflauf mit Blaubeeren

00:55 std : min

LOW CARB · LOW FAT

PRO PORTION: 243 KCAL | 21 G E | 4 G F | 29 G KH

ZUTATEN FÜR 4 PERSONEN

- ★ 70 g Zucker
- ★ 2 Eier
- ★ 500 g Magerquark
- ★ 40 g Vanillepuddingpulver
- ★ 1 Prise Salz
- ★ 200 g Blaubeeren

AUSSERDEM

- ★ **Auflaufform (ca. 20×15 cm)**

1 Den Backofen auf 180 °C Ober-/Unterhitze vorheizen. Zucker in den Mixtopf geben und **10 Sek. | Stufe 10** pulverisieren, anschließend umfüllen. Den Rühraufsatz in den Mixtopf einsetzen. Eier im Mixtopf **2 Min. | Stufe 4** schaumig schlagen. Den Rühraufsatz entnehmen.

2 Quark, 50 g Zucker, Puddingpulver sowie Salz zufügen und **20 Sek. | Stufe 4** cremig verrühren. Quarkmasse in die Auflaufform gießen, Blaubeeren darauf verteilen und 30–40 Min. backen. Etwas abkühlen lassen und mit restlichem Zucker bestäubt servieren.

>TIPP Noch warm schmeckt Quarkauflauf besonders gut – ihr könnt ihn aber auch backen und nach dem Abkühlen kalt stellen, dann erinnert er mehr an einen Käsekuchen.

Fotos: Anna Gieseler (1); Archiv (1)

INSTAGRAM TREND IM TEST

Heißer Tipp: KROSSE BITES

Die Kombi aus Monsieur Cuisine und Airfryer ermöglicht ganz neue Kreationen in der ZauberMix Küche. Der aktuelle Hit: krosse Blumenkohl-Bites. Die müsst ihr probieren!

Ohne Vorkochen – für schnellen Genuss!

Low-Fat-Blumenkohl-Bites aus dem Airfryer

00 35
std : min

LOW CARB LOW FAT

PRO PORTION: 264 KCAL | 14 G E | 7 G F | 34 G KH

ZUTATEN FÜR 4 PERSONEN

* 40 g Parmesan, in Stücken
* 60 g Panko
* 100 g Weizenmehl Type 405
* 100 g Wasser
* 2 Eier
* ½ TL Salz
* 2 Prisen Pfeffer
* ½ TL rosenscharfes Paprikapulver
* ½ TL Knoblauchpulver
* 500 g Blumenkohl, in Röschen
* Öl zum Besprühen

1 | Den Parmesan in den ⌴ geben und **10 Sek.** | **Stufe 10** zerkleinern. Zusammen mit dem Panko in eine flache Schüssel geben.

2 | Mehl, Wasser, Eier sowie Gewürze in den ⌴ geben und **10 Sek.** | **Stufe 4** vermengen. Blumenkohlröschen in den Teig tauchen, sodass sie gleichmäßig bedeckt sind. Anschließend in der Parmesan-Panko-Mischung wälzen, mit Öl besprühen oder bepinseln und im Airfryer **15–20 Min.** | **180 °C** garen. Direkt servieren.

Fotos: Archiv (1); Sandra Leibinger (2); Kathrin Knoll (1); Leimer (1)

SCHÖN KROSS

Die besten Basics für knusprige Ergebnisse aus Monsieur Cuisine und Heißluftfritteuse

DAS PANADE-PLUS

Panko ist ein japanisches Paniermehl, das aus Weißbrot ohne Kruste hergestellt wird. Es überzeugt durch seine lockere, luftige Textur. Ihr findet Panko meist in der Asia-Abteilung im Supermarkt für etwa 1 Euro pro Packung. Alternativ könnt ihr zum Panieren auch Semmelbrösel oder Paniermehl verwenden.

DER CORNFLAKES-KICK

Eine tolle Alternative für ein crunchy Ergebnis: Verwendet Cornflakes für die Panierung. Dafür 50 g ungesüßte Cornflakes in den ⌴ geben und **5 Sek.** | **Stufe 5** zerkleinern, zusammen mit dem Panko wie im Rezept verwenden, um eine extraknusprige Kruste zu erhalten.

BLEIBT DRAN!

Unsere Kollegin Isy ist begeistert von der Kombi aus Heißluftfritteuse und Monsi. Auch in den nächsten Wochen wird sie weitere Ideen mit euch teilen.

Immer neue Ideen auch auf Instagram: @MONSIEUR_CUISINE_BY_ZAUBERMIX

Endlich Zeit für BÄRLAUCH

Mit dem würzigen Frühlingsboten lässt sich so viel Köstliches zaubern. Hier kommen drei himmlische Varianten, die bestimmt der ganzen Familie schmecken

Rezepte: Lukas Nissen

Bärlauch-Mozzarella-Fladen

00 45 std : min

LOW CARB LOW FAT

PRO STÜCK: 387 KCAL | 13 G E | 19 G F | 42 G KH

15 MIN. RUHEZEIT

ZUTATEN FÜR 8 STÜCK

- **400 g Kefir**
- **1 Ei**
- **6 EL Olivenöl**
- **½ TL Zucker**
- **Salz**
- **400 g Weizenmehl Type 405 zzgl. etwas zum Bearbeiten**
- **2 TL Backpulver**
- **80 g Bärlauch, in Streifen**
- **50 g Parmesan, in Stücken**
- **200 g geriebener Mozzarella**
- **2 Prisen Pfeffer**
- **50 g Butter**

1 Kefir, Ei, 2 EL Öl, Zucker sowie ½ TL Salz in den geben und **1 Min.** | **Stufe 4** aufschlagen. Mehl und Backpulver zugeben, **2 Min.** | vermengen. Umfüllen, mit Frischhaltefolie abdecken, 15 Min. ruhen lassen. spülen.

2 20 g Bärlauch in den geben, **5 Sek.** | **Stufe 8** zerkleinern und umfüllen. Parmesan in den geben und **10 Sek.** | **Stufe 10** zerkleinern. 60 g Bärlauchstreifen, Mozzarella, Salz sowie Pfeffer zugeben und **10 Sek.** | **Stufe 4** vermengen.

3 Teig in 8 Portionen teilen und auf einer leicht bemehlten Arbeitsfläche jeweils zu 1 cm dicken Fladen ausrollen. Jeweils etwas Bärlauch-Käse-Mix in die Mitte geben, die Teigränder über die Füllung schlagen und alles zu einer Kugel formen. Diese flach drücken und zu einem 5 mm dicken Fladen ausrollen.

4 In zwei Pfannen jeweils etwas vom übrigen Öl erhitzen, Fladen darin portionsweise goldbraun ausbacken. Butter in einer Pfanne erhitzen, übrigen Bärlauch dazugeben, leicht salzen. Bärlauch-Mozzarella-Fladen mit Bärlauchbutter beträufelt servieren.

SOFTE FLADEN

Durch den Kefir entsteht ein luftiger Teig, Käse und Bärlauch sorgen für das einzigartige Aroma. Die Fladen könnt ihr warm oder kalt genießen, perfekt für das erste Picknick im Freien! Dazu passt sehr gut eine Schmandcreme zum Dippen.

Fotos: StockFood/Meliukh, Irina (1); Anna Gieseler (1)

BÄRLAUCH IM GLAS

Das geniale Topping für diese Suppe ist Bärlauchpesto. Ihr könnt es mit frischem Bärlauch, Pinienkernen, Knoblauch, Parmesan, Olivenöl und etwas Salz und Pfeffer ganz leicht selbst mixen und auf Vorrat herstellen. Damit könnt ihr eure Gerichte das ganze Jahr über verfeinern! Das vollständige Rezept findet ihr auf www.zaubermix.de

So schmeckt der Frühling!

Bärlauch-Cremesuppe

00 | 45
std : min

LOW CARB LOW FAT

PRO PORTION: 239 KCAL | 5 G E | 19 G F | 13 G KH

ZUTATEN FÜR 4 PERSONEN

- 150 g Bärlauch
- 1 Zwiebel, halbiert
- 20 g Olivenöl zzgl. 3 EL zum Anbraten
- 150 g mehligkochende Kartoffeln, in Würfeln
- 150 g Knollensellerie, in Würfeln
- ca. 800 g Wasser
- 2 TL Gemüse-Gewürzpaste
- 120 g Sahne
- 1 TL Salz
- 3 Prisen Pfeffer
- 1 EL Zitronensaft
- 1 Prise Muskat
- 4 EL Bärlauchpesto (siehe z.B. rechts)
- 2 EL Pinienkerne, geröstet
- 150 g Garnelen, küchenfertig

1 Bärlauch im Mixtopf **6 Sek.** | **Stufe 8** zerkleinern und mit dem Spatel nach unten schieben. Dann erneut **6 Sek.** | **Stufe 8** zerkleinern und umfüllen. Zwiebel in den Mixtopf geben, **5 Sek.** | **Stufe 8** zerkleinern und mit dem Spatel nach unten schieben. Öl zugeben und **2 Min.** | **Stufe 1** | **120°C** andünsten. Kartoffeln und Sellerie zugeben und **4 Min.** | Linkslauf.

2 Wasser und Gewürzpaste zufügen und **20 Min.** | **Stufe 1** | **100°C** kochen. In der Zwischenzeit das restliche Öl in einer Pfanne erhitzen. Garnelen darin bei hoher Hitze 2–3 Min. scharf anbraten. Bärlauch, Sahne, Salz, Pfeffer, Zitronensaft und Muskat in den Mixtopf geben und **1 Min.** | **Stufe 6–8** fein pürieren. Dann auf Schalen verteilen und mit Garnelen, Bärlauchpesto und Pinienkernen garniert servieren.

Einfache Bärlauch-Pasta

00 50 std : min

LOW CARB LOW FAT

PRO PORTION: 891 KCAL | 29 G E | 41 G F | 103 G KH

ZUTATEN FÜR 4 PERSONEN

FÜR DAS PESTO
- ★ **75 g Haselnüsse**
- ★ **60 g Parmesan, in Stücken**
- ★ **50 g Bärlauch, in Streifen**
- ★ **90 g Olivenöl**
- ★ **Salz**
- ★ **Pfeffer**
- ★ **Abrieb und Saft von ½ unbehandelten Zitrone**

FÜR DIE PASTA
- ★ **2 Zucchini, längs in dünnen Scheiben**
- ★ **500 g Farfalle**
- ★ **250 g Brokkoli, in Röschen**
- ★ **100 g Babyspinat**

1 | Haselnüsse in einer Pfanne ohne Zugabe von Fett rösten, herausnehmen und abkühlen lassen. Parmesan in den [Mixtopf] geben und **10 Sek. | Stufe 10** zerkleinern. 25 g Haselnüsse, 30 g Parmesan, Bärlauch, 60 g Öl, ½ TL Salz, 2 Prisen Pfeffer sowie Zitronenabrieb und -saft in den [Mixtopf] geben und **20 Sek. | Stufe 8** pürieren.

2 | Die Zucchini mit 30 g Olivenöl bestreichen und in einer heißen Grillpfanne braten, bis sie gut gebräunt sind. Die Farfalle nach Packungsangabe in kochendem Salzwasser bissfest garen. Den Brokkoli in kochendem Salzwasser 4–5 Min. blanchieren. Den Spinat ca. 1 Min. mit dem Brokkoli mitgaren. Danach abgießen, abschrecken und abtropfen lassen.

3 | Farfalle abgießen, in eine Schüssel geben und mit 100 g Pesto und dem Gemüse vermengen. Alles mit Salz und Pfeffer abschmecken. Pasta mit Zucchini auf Tellern anrichten. Mit etwas Pesto beträufeln und mit restlichem Parmesan und gerösteten Haselnüssen bestreut servieren.

>TIPP Außerhalb der Saison könnt ihr eine Zucchinicreme mixen und anstelle des Pestos verwenden: Püriert dafür einfach 300 g rohe oder gebratene Zucchinistücke, 1 EL Pinienkerne und 3 EL Olivenöl. Schmeckt auch lecker!

FRÜHLINGSKRAUT

Bärlauch hat nur kurz Saison. Je nach Witterung sprießen die ersten Blättchen bereits Ende März, ab April bis Anfang Mai findet ihr das aromatische Kraut dann in gut sortierten Supermärkten. In ein feuchtes Küchentuch gewickelt und im Kühlschrank gelagert bleibt Bärlauch 2–3 Tage frisch.

Fotos: StockFood/Meliukh, Irina (1); Désirée Peikert (1); StockFood/PhotoCuisine (1); Adobe Stock/Natallia Sirobaba (1);

Unter Dampf:

Backen

Backformen, die gut in den Dampfgaraufsatz passen, findet ihr im ZauberTopf Shop

im Dampfgarer

Monsieur Cuisine Expertin Isy zeigt, wie euch Gebäck aus Rührteig, Hefe- und Quarkteig im Dampfgaraufsatz einfach gelingt, und verrät dabei ihre wichtigsten Tipps und Tricks

Fotos & Styling: Anna Gieseler

Viele können sich nicht vorstellen, dass Gebäck in Dampf gegart werden kann. Ich sage: Ausprobieren lohnt sich, denn so saftig gelingen Rührteig, Hefegebäck oder Quarkkuchen nur im Dampfgaraufsatz!

Warum sollte man überhaupt Kuchen dämpfen? Wer es noch nicht probiert hat, dem empfehle ich es unbedingt. Denn das Besondere an Kuchen und Teilchen aus dem Dampfgarer ist ihre ganz besondere Textur. Gedämpfte Kuchen unterscheiden sich insofern von gebackenen, als dass sie etwas kompakter bleiben und dadurch ganz besonders saftig gelingen. Zudem wird ihre Oberfläche zart statt kross. Die Zubereitungsweise eignet sich vor allem für Rühr-, Hefe- und Quarkteige, die seidig sein sollen. Knusprige Crumble oder Cookies backen wir weiterhin im Ofen. Ich zeige euch anhand von drei klassischen Rezepten auf Basis der drei Grundteige, wie ihr die perfekten Ergebnisse erzielt.

Die passenden Backformen

Um Kuchen zu garen, benötigt ihr eine hitzebeständige Backform, die in den Dampfgarer passt. Essenziell ist, dass der Deckel des Dampfgaraufsatzes lückenlos schließt, damit der Dampf nicht entweicht. Prüft daher, ob die Form passt, ehe ihr mit dem Backen beginnt: Stellt dafür die leere Form einmal in den tiefen Dampfgaraufsatz und setzt den Deckel auf. Wackelt nichts, kann es losgehen! Sowohl Silikonformen als auch Glas oder Metallformen kommen infrage. Fettet die Formen, damit sich später alles leicht löst. Generell eignen sich niedrige Backformen besser, da der Dampf so mehr Raum zum Zirkulieren hat. Unsere erprobten Backformen findet ihr unter www.zaubertopf-shop.de. Füllt sie stets nur zu zwei Dritteln, da der Teig noch etwas aufgeht.

Schutz vor Wasserdampf

Beim Dampfgaren tropft auch Kondenswasser vom Deckel des Dampfgarers. Um Tropfen auf der Kuchenoberfläche zu vermeiden, decken wir sie vor dem Dämpfen sorgfältig ab. Hitzebeständige Frischhaltefolie und falls nötig ein Gummiband zum Fixieren sind dafür ideal geeignet.

Die Wahl der Temperatur

Wie immer, wenn ihr etwas im Dampfgaraufsatz gart, wählt ihr auch bei der Zubereitung von Gebäck die Temperatureinstellung Dampfgaren. Ihr findet die Einstellung über das Display bei den Automatikprogrammen. Der Monsieur Cuisine erhitzt nun das Wasser im , sodass es als Wasserdampf aufsteigt und das Gargut dämpft.

Die richtige Wassermenge

Beim Dampfgaren benötigt ihr stets ausreichend Wasser im . Ehe ihr also den Dampfgarer mit eurem Gebäck aufsetzt, wiegt ausreichend Wasser ein. Grundsätzlich sollten beim Dampfgaren zu Beginn immer mindestens 1000 g Wasser im Mixtopf sein. Diese Wassermenge ist für die meisten Kochvorgänge zwischen 45–60 Min. vollkommen ausreichend. Für Kleingebäck und kleinere Kuchen also kein Problem. Braucht euer Gebäck länger, füllt entsprechend mehr Wasser ein – oder sogar nach einer gewissen Zeit nach.

> **TIPP** Da hier nur Wasser erhitzt wird, kann sich im Kalk ablagern. Gebt daher am besten einen Spritzer Zitronensaft ans Wasser, so bleibt der Edelstahl blank.

Fotos: Anna Gieseler (1); Archiv (1)

Top 3 Basisteige

Cakes mit Dampf

Die Garzeit für Kuchen im Dampfgaraufsatz variiert je nach Rezept. Voluminösere Kuchen benötigen mehr Zeit, während kleinere Portionen schneller garen. Ein Stäbchentest hilft, die Konsistenz zu prüfen.

Rührteig

Rührteig ist die Basis für Schokoladen- oder Zitronenkuchen. Er eignet sich auch als Grundlage für Muffins.

Gedämpfter Marmorkuchen

01 15 std : min

LOW CARB LOW FAT

PRO STÜCK: 197 KCAL | 3 G E | 12 G F | 20 G KH

ZUTATEN FÜR 12 STÜCKE

- 110 g weiche Butter zzgl. etwas zum Fetten der Form
- 90 g Zucker
- 1 TL selbst gemachter Vanillezucker
- 3 Eier
- 110 g Weizenmehl Type 405
- 45 g Milch
- 1 TL Backpulver
- 1 Prise Salz
- 1 EL Backkakao
- 1000 g Wasser zum Dampfgaren
- 90 g Zartbitterschokolade, in Stücken

AUSSERDEM

- Gugelhupfform (Ø 16 cm, 8 cm Höhe)

1 Gugelhupfform einfetten. Butter, Zucker, Vanillezucker sowie Eier im **2 Min.** | **Stufe 4** schaumig schlagen. Mehl, 30 g Milch, Backpulver sowie Salz zufügen und **10 Sek.** | **Stufe 4** vermengen.

2 Die Hälfte des Teigs in die Gugelhupfform füllen. Kakao mit restlicher Milch in den geben, **10 Sek.** | **Stufe 4** unter den restlichen Teig heben. Dunklen Teig auf hellem verteilen und mit einer Gabel marmorieren.

3 Den spülen und mit 1000 g Wasser füllen. Die Gugelhupfform im Dampfgaraufsatz platzieren, mit Frischhaltefolie abdecken. Dampfgaraufsatz verschlossen aufsetzen, den Kuchen **45–50 Min.** | garen. Dampfgaraufsatz vorsichtig abnehmen, Frischhaltefolie lösen und Kuchen abkühlen lassen.

4 Inzwischen den leeren. Schokolade in den geben und **8 Sek.** | **Stufe 8** grob hacken. Dann **5 Min.** | **Stufe 2** | **50°C** schmelzen. Den Kuchen mit der flüssigen Schokolade bestreichen und servieren.

Garzeit

Kastenform: 40–50 Minuten
Springform: 40–55 Minuten
Gugelhupf: 45–60 Minuten
Muffins: 30–35 Minuten

Hefeteig

Hefe macht den Teig luftig und elastisch. Der Teig eignet sich für süße Schnecken, Hefezöpfe, Brötchen und mehr.

Garzeit
Hefekuchen: 20–25 Minuten
Hefeteilchen: 15–20 Minuten
Hefeküchlein in Förmchen: 25 Minuten

Gedämpfte Zimtschnecken

00 45 std : min

LOW CARB LOW FAT

PRO STÜCK: 367 KCAL | 6 G E | 10 G F | 61 G KH

ZZGL. 4 STD. RUHEZEIT

ZUTATEN FÜR 14 STÜCK

- **220 g Milch**
- **390 g Puderzucker**
- **1 Pck. Trockenhefe**
- **160 g Butter, in Stücken**
- **500 g Weizenmehl Type 405 zzgl. etwas zum Bearbeiten**
- **1 Ei**
- **1 TL Salz**
- **60 g Rohrzucker**
- **1 EL Stärke**
- **2 TL Zimt**
- **1000 g Wasser zum Dampfgaren**
- **Saft von 1 Zitrone**

1 Milch, 80 g Puderzucker und Hefe im **2 Min. | Stufe 2 | 37 °C** erwärmen. 80 g Butter, Mehl, Ei und Salz zugeben, **2 Min.** | kneten. Teig in eine Schüssel füllen, abdecken. 1–2 Std. gehen lassen. spülen.

2 Tiefen und flachen Dampfgaraufsatz mit Backpapier auslegen. Teig zu einem Rechteck (45 × 30 cm) ausrollen. 80 g Butter, Rohrzucker, 60 g Puderzucker, Stärke sowie Zimt in den geben, **10 Sek. | Stufe 4** vermischen. Den Mix auf den Teig streichen, dabei einen 2 cm breiten Rand lassen. Teig von der langen Seite her aufrollen. 14 Schnecken schneiden, im tiefen und flachen Dampfgaraufsatz verteilen, Dampfgarer abdecken, 1–2 Std. ruhen lassen.

3 Wasser in füllen, Dampfgaraufsatz aufsetzen, dann **15 Min.** | dämpfen. Zitronensaft mit 250 g Puderzucker glatt rühren. Schnecken mit dem Guss beträufeln.

Quarkteig

Die seidige Quarkbasis kann mit Schokolade, Beeren oder Gewürzen variiert werden. Verwandelt sie auch in Zupfkuchen oder kleine Cakes!

Garzeit
Kastenform: 70–75 Minuten
Springform: 45–50 Minuten
Kleine Küchlein: 30–35 Minuten
flacher Dampfgaraufsatz: 40–45 Minuten

Gedämpfter Käsekuchen

01 00 std : min

LOW CARB LOW FAT

PRO STÜCK: 82 KCAL | 7 G E | 1 G F | 11 G KH

ZUTATEN FÜR 12 STÜCKE

- **etwas Butter zum Fetten der Form**
- **500 g Magerquark**
- **80 g Zucker**
- **40 g Vanillepuddingpulver**
- **2 TL selbst gemachter Vanillezucker**
- **1 Ei**
- **Abrieb und Saft von ½ unbehandelten Zitrone**
- **1000 g Wasser zum Dampfgaren**

AUSSERDEM
- **Springform (Ø 18 cm)**

1 Springform mit Butter fetten. Alle Zutaten, bis auf das Wasser, in den geben und **30 Sek. | Stufe 4** vermengen. Den Teig in die Springform geben, die Form mehrmals sanft auf die Arbeitsfläche klopfen, damit Luftblasen entweichen können. Mit Frischhaltefolie abdecken.

2 Danach den spülen und mit 1000 g Wasser füllen. Kuchen in den tiefen Dampfgaraufsatz stellen, diesen verschlossen aufsetzen, **45–50 Min.** | garen. Dampfgaraufsatz vorsichtig abnehmen, den Kuchen abkühlen lassen. Aus der Form lösen und servieren.

FÜR EUCH ENTDECKT …

Damit euch das Kochen und Backen noch besser von der Hand geht

Ich teste gerne Produkte und teile meinen ersten Eindruck auf Instagram unter @monsieur_cuisine_by_zaubermix mit euch. Folgt mir, ich freue mich auf euch!

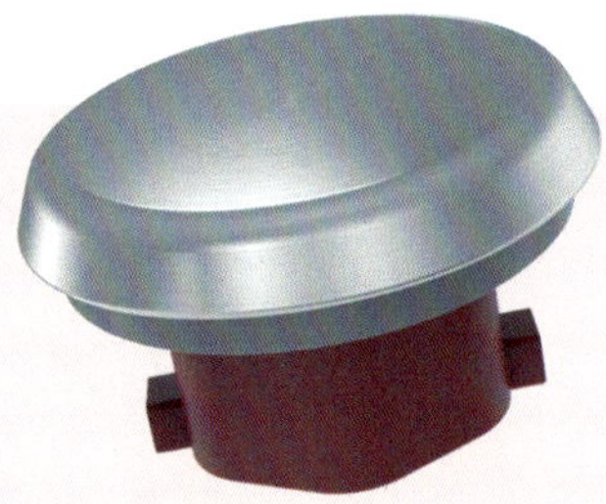

MESSERERSATZ
WunderCap®
Der Messerersatz wird in den Mixtopf-Boden eingesetzt. So gelingen Pasta, Eier, Kartoffeln, ohne vom Messer zerschnitten zu werden.

24,90 €

BESTSELLER
Basis-Kochbuch
Der Monsieur Cuisine und seine Zubehöre leicht erklärt. Die besten Basisrezepte machen den Einstieg leicht und lecker.

24,90 €

MACHT EUCH DAS KOCHEN LEICHTER

Perfekt zum Dampfgaren

BACKFÖRMCHEN
8-tlg. Set ZauberCups
Die praktischen Silikonformen eignen sich ideal für das Backen im Dampfgarer. Darin gelingen kleine Käseküchlein oder softe Hefeschnecken. Im Kühlschrank oder Tiefkühler zaubert ihr damit hausgemachte Pannacotta, Eis am Stiel und mehr. Dank ihrer flexiblen Form lassen sich die selbst gemachten Leckereien mühelos herauslösen. Für perfekte Ergebnisse in der Backstube.

19,95 €

20 %

GEHEIMTIPP
5-tlg. „Kleine-Helden-Set“
Im Alltag unverzichtbar: Die fünf kleinen Helfer sind jeden Tag im Einsatz und gehören zu den unscheinbaren, aber beliebtesten Zubehören.

42,92 € statt ~~53,65~~ €

BACKPROFI
RollPro
Der handliche Teigroller mit zwei Walzen erlaubt bequemes Ausrollen von Teig in Springformen und Blechen.

26,95 €

FRISCHES BROT
Backmischungs-Set
Endlich wieder erhältlich: Unsere drei gelingsicheren Brotbackmischungen im Set mit praktischer Teigkarte zur einfachen Teigverarbeitung.

17,85 €

Entdeckt online noch weiteres Zubehör

KARTOFFELSCHÄLER
WunderPeeler® V2
Frisch geschälte Kartoffeln ganz ohne Mühe! Der Kartoffelschäler-Aufsatz nutzt die Power des Monsieur, um bis zu 1 Kilogramm Kartoffeln in wenigen Minuten direkt im Mixtopf zu schälen. Die Reibescheibe eignet sich für die Modelle smart, trend und connect. Die Reibe sorgt für maximale Ausbeute bei minimalem Kartoffelabrieb. Der Aufsatz ist spülmaschinenfest.

24,95 €

BLITZBLANK
Teiger®, 2er-Set
Die Spezial-Reinigungstücher erleichtern das Lösen von Teigen von Mixtopf, Messer und Händen um ein Vielfaches!

19,50 €

PERFEKT POCHIERTES EI
MixEgg®
Der Einsatz sitzt passgenau im Dampfgaraufsatz des Monsieur Cuisine und ermöglicht die Zubereitung von bis zu sechs pochierten Eiern gleichzeitig. Ideal für einen entspannten Brunch und die proteinreiche Ernährung. Schmeckt zu Avocado auf Toast, in Salat oder klassisch mit Räucherlachs oder Bacon. Genuss wie im Restaurant!

19,95 €

Änderungen vorbehalten. Fotos: Archiv

ONE PAN WONDER

EASY

Bacon-Pancakes mit Brie
Rezept siehe Seite 68

Im Kühlschrank finden sich nur noch Eier, Schinken und Käse? Dann habt ihr alles, was ihr für unser schnelles, würziges Pfannkuchen-Trio braucht!

Rezepte: Lukas Nissen

Pfannkuchen „Hawaii“
Rezept siehe Seite 68

SOULFOOD GANZ EASY

Fotos: StockFood / Immediate Media / Good Food (1), Gräfe & Unzer Verlag / Schütz, Anke (1)

Schinken-Sandwich-Crêpes mit „Geramont“

00 30 std : min

LOW CARB LOW FAT

PRO PORTION: 573 KCAL | 30 G E | 33 G F | 40 G KH

ZUTATEN FÜR 4 PERSONEN

- 300 g Milch
- 3 Eier
- 175 g Weizenmehl Type 405
- 1 Prise Zucker
- 1 Prise Salz
- 30 g Butterschmalz zum Braten
- 200 g „Geramont“, in dünnen Scheiben
- 100 g Parmaschinken, in Scheiben
- 50 g Spinat
- 2 Frühlingszwiebeln, in Ringen
- Pfeffer

1 | Milch mit den Eiern in den geben und **20 Sek.** | **Stufe 4** verrühren. Mehl, Zucker sowie Salz zufügen und **30 Sek.** | **Stufe 4** vermengen.

2 | Butterschmalz in einer Pfanne erhitzen und den Teig portionsweise hineingeben. Pfannkuchen wenden, mit Käse, Schinken und Spinat belegen, den Deckel auflegen und fertig backen. Mit Frühlingszwiebeln sowie Pfeffer bestreut servieren.

Bacon-Pancakes mit Brie

00 30 std : min

LOW CARB LOW FAT

PRO PORTION: 679 KCAL | 23 G E | 40 G F | 57 G KH

ZUTATEN FÜR 4 PERSONEN

- 250 g Weizenmehl Type 405
- 300 g Milch
- 2 Eier
- 1 TL Zucker
- 1½ TL Backpulver
- 1 Prise Salz
- 30 g Butterschmalz zum Braten
- 150 g Brie, in Scheiben
- 100 g Bacon, in Scheiben

1 | Mehl, Milch, Eier, Zucker, Backpulver sowie Salz in den geben und alles **20 Sek.** | **Stufe 5** zu einem cremigen Teig vermengen.

2 | Butterschmalz in einer Pfanne erhitzen und den Teig portionsweise in die Pfanne geben. Brie auf die Teighäufchen setzen und erneut mit etwas Teig bedecken. Bei mittlerer Hitze kleine Pancakes von jeder Seite 1–2 Min. backen. Wenden, sobald Blasen aufsteigen.

3 | Den Bacon in einer weiteren Pfanne ohne Fett anbraten. Anschließend die Pancakes mit Bacon servieren.

Pfannkuchen „Hawaii“

00 30 std : min

LOW CARB LOW FAT

PRO PORTION: 645 KCAL | 31 G E | 30 G F | 63 G KH

ZUTATEN FÜR 4 PERSONEN

- 150 g Gouda, in Stücken
- 450 g Milch
- 3 Eier
- 250 g Weizenmehl Type 405
- 50 g Mineralwasser mit Kohlensäure
- 2 Prisen Salz
- 1 Prise Pfeffer
- 30 g Butterschmalz zum Braten
- 150 g Kochschinken, in Scheiben
- 250 g Ananas (Dose), abgetropft

1 | Käse in den geben, **10 Sek.** | **Stufe 8** zerkleinern und umfüllen. Milch und Eier in den geben, **20 Sek.** | **Stufe 4** vermengen. Mehl, Mineralwasser, Salz sowie Pfeffer zufügen und **30 Sek.** | **Stufe 4** vermengen.

2 | Butterschmalz in einer Pfanne erhitzen und den Teig portionsweise hineingeben. Pfannkuchen wenden, mit Schinken, Ananas und Käse belegen, den Deckel auflegen und fertig backen.

>**ALLES VERBRAUCHEN** Den Saft aus der Ananasdose könnt ihr in einem Smoothie oder als Geschmackskick fürs nächste Curry verwenden.

LIEBLINGSESSEN

Pfannkuchen sind in unserer Familie ein Klassiker und immer wahre Alltagshelden. Wenn der Einkauf mal ausfällt, übernimmt der Monsi und zaubert mit wenigen Zutaten in kürzester Zeit eine perfekte Teig-Basis – ideal, wenn es schnell gehen muss. Und alle sind happy!

Fotos: StockFood / Stile Italia Edizioni (1); Archiv (1)

So einfach PASTASOSSEN

Mit dem Monsieur zaubert ihr perfekte Soßen – cremig und ohne langes Einkochen. Wenige Zutaten und einfache Handgriffe genügen, um jedes Mal ein tolles Ergebnis zu erzielen

Rezepte: Lukas Nissen | Fotos & Styling: Anna Gieseler

PASST ZU:

- ✓ Spaghetti, Penne oder Lasagne
- ✓ Reisgerichten
- ✓ Bruschetta

Schnelle Tomatensoße „Pomodoro“

00 20 std : min

LOW CARB LOW FAT

PRO PORTION (100 G): 110 KCAL | 2 G E | 9 G F | 7 G KH

ZUTATEN FÜR 2 GLÄSER À 400 ML

- ★ **500 g passierte Tomaten**
- ★ **200 g Sahne**
- ★ **40 g Weizenmehl Type 405**
- ★ **1 EL getrocknete italienische Kräuter**
- ★ **2 TL Gemüse-Gewürzpaste**
- ★ **1 TL edelsüßes Paprikapulver**
- ★ **1 TL Zucker**
- ★ **2 Prisen Pfeffer**

Alle Zutaten in den Mixtopf geben und **10 Sek.** | **Stufe 5** vermengen. Dann **8 Min.** | **Stufe 2** | **100 °C** ohne Messbecher köcheln lassen, dabei den Kocheinsatz als Spritzschutz aufsetzen.

>**HALTBARKEIT** In einem luftdichten Gefäß im Kühlschrank aufbewahren. Hier hält sich die Soße 3–5 Tage.

EINKOCHEN GANZ LEICHT

Eine Tomatensoße à la Mamma braucht üblicherweise viele Stunden, bis frische Tomaten eingekocht sind. Für unsere Express-Variante greifen wir zu passierten Tomaten, die bereits eine dichte, geschmacksintensive Basis bilden. Wir erhitzen diese und geben Sahne dazu, die für milderen Geschmack sorgt, das Mehl bindet die Zutaten und sorgt somit für die unfassbar cremige Textur der Soße.

KÄSESOSSE GELINGSICHER

Für eine unwiderstehliche Gorgonzolasoße braucht es üblicherweise sehr genaues Fingerspitzengefühl, damit die enthaltenen Milchprodukte sich perfekt verbinden. Dies übernimmt der Monsi zuverlässig. Parmesan und Gorgonzola sowie Butter und Milch erwärmen wir schonend bei 80 °C, sodass die Zutaten gleichmäßig miteinander verschmelzen. Die Eigelbe verleihen der Soße eine gute Bindung sowie eine zusätzliche Geschmacks- und Farbkomponente.

Gorgonzolasoße für Pasta

00 20 std : min

LOW CARB LOW FAT

PRO PORTION (100 G):
284 KCAL | 11 G E | 26 G F | 2 G KH

ZUTATEN FÜR 2 GLÄSER À 300 ML

- ★ **50 g Parmesan, in Stücken**
- ★ **100 g Butter, in Stücken**
- ★ **200 g Gorgonzola, in Stücken**
- ★ **300 g Milch**
- ★ **3 Eigelb**
- ★ **3 Prisen Pfeffer**

Den Parmesan in den Mixtopf geben, **10 Sek.** | **Stufe 10** zerkleinern. Die restlichen Zutaten zufügen und **10 Min.** | **Stufe 3** | **80 °C** erhitzen. In saubere Gläser füllen und verschließen.

>**HALTBARKEIT** In einem luftdichten Gefäß im Kühlschrank aufbewahren und in 1–2 Tagen verbrauchen.

PASST ZU:

- ✓ Pastagerichten mit Bandnudeln, Ravioli und Tortellini
- ✓ Pell- oder Salzkartoffeln
- ✓ Gemüse wie Brokkoli, Blumenkohl, Karotten
- ✓ Frikadellen, Rindermedaillons und Schweinefilet

PASST ZU:

- ✓ Hähnchen, Fisch und Meeresfrüchten
- ✓ Nudel- und Reisgerichten
- ✓ Gemüsegratins
- ✓ Als Dip zu Broten und Teigtaschen

Käsesoße „India"

00 | 20 std : min

LOW CARB · LOW FAT

PRO PORTION (100 G):
217 KCAL | 7 G E | 19 G F | 6 G KH
ZUTATEN FÜR 2 GLÄSER À 250 ML

- ★ **1 Zwiebel, halbiert**
- ★ **1 Knoblauchzehe**
- ★ **1 EL Olivenöl**
- ★ **200 g Frischkäse „India" (z.B. von Arla)**
- ★ **200 g Sahne**
- ★ **3 TL Currypulver**
- ★ **1 TL Gemüse-Gewürzpaste**
- ★ **½ TL Salz**
- ★ **3 Prisen Pfeffer**

1 Zwiebel mit Knoblauch in den Mixtopf geben und **5 Sek. | Stufe 8** zerkleinern. Mit dem Spatel nach unten schieben. Öl zufügen und ohne Messbecher **2 Min. | Stufe 1 | 120 °C** andünsten.

2 Frischkäse, Sahne, Currypulver, Gewürzpaste, Salz sowie Pfeffer zugeben und **5 Sek. | Stufe 6** vermengen, **8 Min. | Stufe 2 | 100 °C** ohne Messbecher aufkochen.

>HALTBARKEIT In einem luftdichten Gefäß im Kühlschrank aufbewahren und in 2–3 Tagen verbrauchen.

FRISCHKÄSE ALS AROMENGEBER

Der Frischkäse wird mit Sahne und zusätzlichen Gewürzen bei sanften 90 °C für wenige Minuten erhitzt, sodass sich die Zutaten zu einer homogenen Soße verbinden. Verwendet ihr anderen Frischkäse, ersetzt das Curry durch ein passendes Gewürz, zum Beispiel Paprika edelsüß oder italienische Kräuter.

Klassiker selbst gemixt!

GUTE BASIS

Der Schlüssel zu einer aromatischen Soße liegt in den Zwiebeln. Wenn ihr sie fein zerkleinert und in Öl langsam andünstet, entwickeln sie eine milde Süße und einen intensiven Geschmack, der die Grundlage für die Soße bildet. Dieser Schritt sorgt dafür, dass sich die Aromen optimal entfalten und die Soße eine herrlich runde Tiefe bekommt. Im Monsieur Cuisine gelingt das besonders einfach: Zwiebeln werden gleichmäßig fein zerkleinert und sanft gedünstet, ohne dass etwas anbrennt – so habt ihr die optimale Basis für eure Lieblingssoße.

Thunfischsoße für Pasta

00 25 std : min

LOW CARB LOW FAT

PRO PORTION (100 G): 89 KCAL | 7 G E | 6 G F | 3 G KH

ZUTATEN FÜR 2 GLÄSER À 300 ML

- ★ **30 g Petersilienblättchen**
- ★ **2 Knoblauchzehen**
- ★ **1 Zwiebel, halbiert**
- ★ **40 g Olivenöl**
- ★ **400 g stückige Tomaten (Dose)**
- ★ **1 TL Gemüse-Gewürzpaste**
- ★ **½ TL Salz**
- ★ **2 TL getrocknete italienische Kräuter**
- ★ **½ TL Zucker**
- ★ **185 g Thunfisch in eigenem Saft (Dose), abgetropft**

1 | Petersilie, Knoblauch sowie Zwiebel in den Mixbehälter geben und alles **5 Sek.** | **Stufe 8** zerkleinern. Mit dem Spatel nach unten schieben. Öl zufügen, **3 Min.** | **Stufe 1** | **120 °C** andünsten.

2 | Tomaten, Gewürzpaste, Salz, getrocknete Kräuter sowie Zucker zugeben, **15 Sek.** | **Stufe 8** vermengen. Dann ohne Messbecher **12 Min.** | **Stufe 2** | **100 °C** kochen, dabei den Kocheinsatz als Spritzschutz aufsetzen. Thunfisch zufügen und **15 Sek.** | **Stufe 2** verrühren.

>**HALTBARKEIT** In einem luftdichten Gefäß im Kühlschrank aufbewahren. Hier hält sich die Soße 1–2 Tage.

PASST ZU:

- ✓ Spaghettigerichten und Nudelsalaten
- ✓ Belegten Broten und Sandwiches
- ✓ Gemüsegerichten
- ✓ Pizza

RATGEBER

SOSSEN

So gelingen sie ohne Fixtüte und lassen sich ganz nach Lust und Laune variieren

PANNENHILFE!
Die 3 wichtigsten Tipps

1. **Zu flüssig?**
Einfach 1 EL Speisestärke mit kaltem Wasser verrühren, in den geben und **2 Min.** | ↺ | **Stufe 3** | **90 °C** sämig einkochen lassen.
2. **Zu dick?**
Hier wirkt Flüssigkeit Wunder! Etwas Brühe, Milch, Sahne oder Wasser unterrühren – immer in kleinen Mengen, bis die Soße schön sämig ist.
3. **Klümpchen?**
Soße noch einmal **10 Sek.** | **Stufe 8** pürieren. Vorbeugen könnt ihr, indem ihr Stärke oder Mehl vorher in kaltem Wasser auflöst.

AB INS GLAS

Unsere Pastasoßen könnt ihr nach dem Kochen in Schraubgläser abfüllen und so für ein paar Tage im Kühlschrank lagern. Ideal geeignet sind weithalsige Gläser, die sich leicht befüllen, aber auch leicht wieder leeren lassen, ohne dass etwas der wertvollen Speisen zurückbleibt. Schöne Schraubgläser in unterschiedlichen Größen findet ihr unter anderem bei Lieblingsglas.

TIPP Zum sauberen Umfüllen der Soße könnt ihr den Deckel zu Hilfe nehmen, so bleibt der Rand der Gläser sauber und ihr könnt sie direkt verschließen.

Gute Basiszutaten sind die Grundlagen geschmackvoller Soßen. Beim Tomatenmark setzen wir auf Bio-Qualität etwa von Oro die Parma

KOCHEN MIT KRÄUTERN

Ob Tomaten- oder Käsesoßen – sie alle erhalten mit einer Prise Kräuter eine ganz neue Note. **Frische Kräuter** stets erst kurz vor Fertigkstellung unter die heiße Soße rühren. **TK-Kräuter** sind sehr praktisch, da sie vorportioniert sind und dabei wie frische eingesetzt werden. Sie entfalten ihr Aroma ebenfalls am besten, wenn ihr sie kurz vor dem Servieren unterrührt. **Getrocknete Kräuter** mit den Zwiebeln und dem Öl andünsten, so entfalten sie ihr Aroma nach und nach in der Speise.

So lagert ihr eure hausgemachten Soßen

KALT STELLEN Soßen bleiben 2–3 Tage nach dem Kochen frisch, lagert sie dafür in einem luftdichten Behälter. Sahnige Varianten am besten sofort aufbrauchen.

EINFRIEREN Tomatensoßen könnt ihr bis zu 6 Monate im Tiefkühler lagern. Soßen mit Sahne mit mehr als 10 % Fett halten eingefroren 3–4 Monate.

WIEDER ERHITZEN Soße in den geben und **6–15 Min.** | **Stufe 2** | **90 °C** im erwärmen, dann nach Belieben servieren.

DER PASSENDE KÄSE FÜR EURE SOSSEN

- ✓ **Cremig-seidig**: Frischkäse, Ricotta oder Mozzarella schmelzen schnell und machen die Soße sämig.
- ✓ **Kräftig-aromatisch**: Gorgonzola oder Blauschimmelkäse schmelzen langsamer und bringen eine intensive, aromatische Fülle.
- ✓ **Mild**: Emmentaler und Gouda schmelzen gleichmäßig und sorgen für eine sanfte, harmonische Textur, die sich gut mit anderen Zutaten verbindet.
- ✓ **Würzig**: Parmesan, Grana Padano oder Cheddar sorgen für eine kräftige Note, Feta für eine salzige Note – daher die Salzmenge vorsichtig dosieren.

Fotos: Anna Gieseler (2); Adobe Stock/Romana (1), /FomaA (1); ORO die Parma (1)

Das Magazin für Airfryer-Fans jetzt im Handel!
Krosse Ideen für jeden Tag!
80 neue, schnelle & krosse Rezepte!
ZauberTopf EXTRA
Ausgabe 1/25 | WINTER
AIR FRYER
Einfach mehr Vielfalt mit der Heißluftfritteuse
We ♥ Potatoes
Pommes, Puffer und Tornado-Kartoffeln
Cheesy Köttbullar Hot-Dogs mit Mozzarella
DIE BESTEN REZEPTE FÜR JEDEN TAG
• Soulfood mit Röstgemüse
• XXL-Gerichte für die Familie
• Süße Quarkbällchen & Co.
GESÜNDER GENIESSEN
Extra knusprig – ohne extra Fett!
Lecker per EXPRESS
Simple 15-Minuten-Ideen für 7 Tage
100 Tipps: So sparst du Zeit & Energie
Reinigung: Smarte Tricks & Zubehöre
Verlosung!
Gewinne jetzt: Philips Dual Basket
Hol' dir jetzt das angesagteste Airfryer Magazin Deutschlands!
JETZT SICHERN
4 × im Jahr nur
33,90 €
STATT ~~39,60~~ €
BESTELLE GLEICH JETZT:
www.zaubertopf.de/airfryer-abo
DIREKT ABONNIEREN, PRÄMIE AUSSUCHEN UND SPAREN!

Griechische URLAUBSKÜCHE

Zwischen traditionellen Rezepten und modernen Trends – mit dem Monsieur Cuisine holt ihr euch die Sonne Griechenlands direkt auf den Teller

Rezepte: Elisa Schilling & Lukas Nissen

Das ist Urlaub: In einer gemütlichen Taverne auf Mykonos sitzen und den Blick über das azurblaue Wasser schweifen lassen

GREEK STYLE
Einfache, intensiv vollmundige Gerichte machen die Küche der Griechen aus. Der Auflauf vereint zwei unserer Favoriten: Gyros und Nudeln. Zusammen entfachen sie echtes Urlaubsfeeling.

Gyros-Kritharaki-Auflauf

00 55 std : min

LOW CARB LOW FAT

PRO PORTION: 699 KCAL | 32 G E | 44 G F | 45 G KH

ZUTATEN FÜR 6 PERSONEN

- **100 g Gouda, in Stücken**
- **1 Zwiebel, halbiert**
- **2 Knoblauchzehen**
- **5 EL Olivenöl**
- **2 EL Tomatenmark**
- **500 g Wasser**
- **500 g passierte Tomaten**
- **1½ TL Salz**
- **½ TL Pfeffer**
- **1 Prise Zucker**
- **1 TL getrockneter Oregano**
- **500 g Gyrosfleisch**
- **300 g Kritharaki**
- **250 g Champignons, in Scheiben**
- **200 g Schmand**
- **150 g Feta, zerbröselt**

AUSSERDEM
- **Auflaufform (ca. 30×20 cm)**

1 Den Gouda in den Mixtopf geben und **10 Sek. | Stufe 8** zerkleinern. Danach umfüllen und beiseitestellen.

2 Zwiebel mit Knoblauch in den Mixtopf geben und **5 Sek. | Stufe 8** zerkleinern. Mit dem Spatel nach unten schieben. 2 EL Öl mit Tomatenmark zufügen, ohne Messbecher **3 Min. | Stufe 1 | 120°C** andünsten. Wasser, passierte Tomaten, Gewürze zugeben und **10 Min. | Linkslauf | Stufe 1 | 100°C** garen, dabei den Kocheinsatz als Spritzschutz aufsetzen.

3 Inzwischen 3 EL Öl in einer großen Pfanne erhitzen und das Gyrosfleisch scharf anbraten.

4 Ofen auf 200 °C Ober-/Unterhitze vorheizen. Kritharaki, Pilze, Fleisch sowie Soße in die Auflaufform geben und gut vermengen. Schmand löffelweise darauf verteilen und mit Gouda sowie Feta bestreuen. Im heißen Backofen ca. 30 Min. backen. Etwas abkühlen lassen und servieren.

>**KRITHARAKI** Das sind ganz kleine, körnerförmige Nudeln, die optisch an Reis erinnern.

Fotos: Adobe Stock / pkazmierczak (1); Anna Gieseler (1)

LIEBLINGSBEILAGE
Die weißen Bohnen in Soße werden oft als Meze bei geselligen Anlässen serviert. Perfekt für warme Tage – leicht und dennoch sättigend. Dazu passt frisches Brot oder Salat.

Gigantes-Bohnen in Tomatensoße

01 : 00 std : min

LOW CARB | LOW FAT

PRO PORTION: 226 KCAL | 6 G E | 14 G F | 21 G KH

ZUTATEN FÜR 4 PERSONEN

- 1 Zwiebel, halbiert
- 2 Knoblauchzehen
- 2 Karotten, in Stücken
- 2 Stangen Staudensellerie, in Ringen
- 50 g Olivenöl
- 2 EL Tomatenmark
- 800 g stückige Tomaten (Dose)
- 100 g Wasser
- 2 EL Balsamicoessig
- 2 TL Gemüse-Gewürzpaste
- 2 TL getrocknete Kräuter (z.B. Oregano, Thymian)
- 500 g Riesenbohnen (Gigantes, Dose), abgetropft
- Petersilie zum Garnieren

AUSSERDEM
- Auflaufform (ca. 30×20 cm)

1 Backofen auf 180 °C Ober-/Unterhitze vorheizen. Zwiebel, Knoblauch, Karotten sowie Sellerie in den Mixtopf geben, **5 Sek. | Stufe 8** zerkleinern und mit Spatel nach unten schieben. Öl mit Tomatenmark zufügen und **3 Min. | Stufe 1 | 120 °C** andünsten.

2 Tomaten, Wasser, Balsamico, Gewürzpaste und Kräuter zufügen, **10 Sek. | Stufe 4** vermengen. Die Bohnen mit dem Spatel untermengen. Alles in die Auflaufform geben und 30–40 Min. backen. Mit Petersilie garniert servieren.

So schmeckt Urlaub!

Athens Wahrzeichen, die Akropolis, spiegelt die Geschichte Griechenlands wider und ist heute UNESCO-Weltkulturerbe

Im charmanten Fischerdorf Naoussa auf Paros scheint die Zeit stillzustehen. Der perfekte Ort, um die Seele baumeln zu lassen

Fotos: StockFood / Immediate Media / Good Food (1); Adobe Stock / Tomas Marek (1); / kite_rin (1); Anna Gieseler (1)

Gyros-Suppe

00 35 std : min

LOW CARB LOW FAT

PRO PORTION: 829 KCAL | 49 G E | 62 G F | 23 G KH

ZUTATEN FÜR 4 PERSONEN

- **1 Zwiebel, halbiert**
- **2 Knoblauchzehen**
- **5 EL Olivenöl**
- **3 EL Tomatenmark**
- **2 rote Paprikaschoten, in Stücken**
- **1 Zucchini, in Stücken**
- **170 g Mais (Dose), abgetropft**
- **750 g Wasser**
- **500 g passierte Tomaten**
- **1 TL Salz**
- **½ TL Pfeffer**
- **1 TL getrockneter Oregano**
- **1 TL edelsüßes Paprikapulver**
- **200 g Sahne**
- **750 g Gyrosfleisch**
- **150 g Schmand zum Garnieren**
- **Petersilie zum Garnieren**

1 Zwiebel mit Knoblauch in den geben und **5 Sek.** | **Stufe 8** zerkleinern. Mit dem nach unten schieben. 2 EL Öl mit Tomatenmark zufügen und **2 Min.** | **Stufe 1** | **120°C** andünsten. Gemüse zugeben und **3 Min.** | andünsten.

2 Wasser, passierte Tomaten sowie Gewürze zufügen und **15 Min.** | | **Stufe 1** | **100°C** köcheln lassen, Kocheinsatz als Spritzschutz aufsetzen. Zwischendurch mit dem vermengen. Sahne zugeben und alles weitere **5 Min.** | | **Stufe 1** | **100°C** garen.

3 Inzwischen restliches Öl in der Pfanne erhitzen und das Fleisch scharf anbraten. Die Suppe in Schüsseln füllen und das gebratene Gyrosfleisch darauf verteilen. Mit einem Klecks Schmand und frischer Petersilie garnieren.

NEU INTERPRETIERT

Wir verwandeln das würzige Geschnetzelte in einen einfachen One Pot mit Gyrosfleisch. Unser Tipp: Es schmeckt am zweiten Tag gut durchgezogen noch besser. Dazu passt Pitabrot zum Dippen.

Gefüllte Bifteki-Paprika

00 50 std : min

LOW CARB LOW FAT

PRO PORTION: 564 KCAL | 35 G E | 38 G F | 22 G KH

ZUTATEN FÜR 4 PERSONEN

- Blättchen von 4 Stielen Petersilie
- 1 Zwiebel, halbiert
- 2 Knoblauchzehen
- 500 g gemischtes Hackfleisch
- 50 g Paniermehl
- 1 Ei
- Salz
- Pfeffer
- 1 TL getrockneter Oregano
- 1 TL getrockneter Thymian
- 4 rote Paprikaschoten
- 150 g Feta, in Stücken
- 2 EL Olivenöl
- 2 EL Tomatenmark
- 400 g stückige Tomaten (Dose)

AUSSERDEM
- Auflaufform (Ø 24 cm)

1 Petersilie, Zwiebel sowie Knoblauch in den geben und **5 Sek. | Stufe 8** zerkleinern. Mit dem nach unten schieben, 2 EL für die Soße abnehmen und beiseitestellen. Hack, Paniermehl, Ei, 1 TL Salz, 3 Prisen Pfeffer sowie getrocknete Kräuter zugeben und **15 Sek. | | Stufe 3** vermengen.

2 Die „Deckel" der Paprikaschoten ca. 2 cm breit abschneiden, die Schoten entkernen und mit der Hackmasse füllen. In die Mitte jeweils ein Stück Feta geben und mit Hackfleisch bedecken. Die Schoten mit den abgeschnittenen „Deckeln" verschließen und in die Auflaufform setzen.

3 Den Backofen auf 180 °C Ober-/Unterhitze vorheizen. Für die Soße die Zwiebel-Knoblauch-Mischung mit Öl sowie Tomatenmark in den geben, ohne Messbecher **2 Min. | Stufe 1 | 120 °C** andünsten. Stückige Tomaten, 1 TL Salz sowie 3 Prisen Pfeffer zugeben und **10 Sek. | Stufe 3** vermengen. Die Tomatensoße zu den Paprika in die Auflaufform geben und alles im vorgeheizten Backofen ca. 30 Min. backen. Sofort servieren.

> **TIPP** Sollten die Paprikaschoten nicht aufrecht in der Form stehen bleiben, können sie an der Unterseite leicht gerade geschnitten werden.

BIFTEKI MIT TWIST
Wir füllen die beliebten Frikadellen kurzerhand in Paprika und ergänzen die Feta-Füllung als leckeren Kern. So sparen wir uns das Formen des Hackfleischs und gewinnen gleichzeitig durch die Paprika eine tolle zusätzliche Aromanote.

Olivenbäume sind ein markantes Element der griechischen Landschaft und ein Symbol der mediterranen Kultur

Fotos: Anna Gieseler (1); Adobe Stock / Deyan Georgiev (1) / evannovostro (1); StockFood / Gräfe & Unzer Verlag / Eising Studio (1)

FÜR ECHTES URLAUBSFEELING
Ein griechisches Gericht ohne Zaziki? Undenkbar! Dieser Dip gehört einfach dazu. Wir verleihen dem erfrischenden Basisdip mit gegrillter Paprika eine besondere Note. Das müsst ihr probieren!

Paprika-Zaziki

00 | 10 std : min

LOW CARB LOW FAT

PRO PORTION (30 G): 29 KCAL | 1 G E | 2 G F | 1 G KH

ZUTATEN FÜR 850 G

- 1 Gurke, entkernt, in Stücken
- 1 TL Salz
- Spitzen von 8 Stielen Dill
- 3 Knoblauchzehen
- 100 g gegrillte Paprika (Glas), in Stücken
- 400 g Sahnejoghurt
- 30 g Olivenöl
- 30 g Ajvar
- Abrieb und Saft von ½ unbehandelten Zitrone
- 2 TL edelsüßes Paprikapulver
- ½ TL Pfeffer

1 | Die Gurke mit dem Salz in den Mixtopf geben, **5 Sek.** | **Stufe 6** zerkleinern. Die Masse in ein Sieb geben und mit den Händen gut ausdrücken. Den Mixtopf spülen.

2 | Dill in den Mixtopf geben und **2 Sek.** | **Turbo** zerkleinern. Knoblauch mit Paprika zufügen und **5 Sek.** | **Stufe 8** zerkleinern. Mit dem Spatel nach unten schieben. Gurkenraspel nochmals gut ausdrücken und zugeben. Restliche Zutaten zufügen und **20 Sek.** | Linkslauf | **Stufe 3** verrühren.

>**HALTBARKEIT** Im Kühlschrank gelagert ist der Dip ca. 3 Tage haltbar.

Eine kleine Genussreise

Zakynthos ist ein echter Sehnsuchtsort. Die Navagio-Bucht, auch als „Schiffswrack-Bucht" bekannt, ist ein wahres Paradies mit türkisblauem Wasser und spektakulären Klippen

DAS JAHRES-KOMBI-ABO INKL. E-PAPER

8 AUSGABEN + E-PAPER UND PRÄMIE NACH WAHL

+

6 AUSGABEN
+ 2 Sonderausgaben
Print inkl. E-Paper
59,90 €

WUNDERPEELER® V2
Der Kartoffelschäler ermöglicht es, Gemüse bequem mit der Power des Monsieur zu schälen. Das spart Zeit und Mühe. In unter 5 Minuten ist so 1 Kilo fertig zum Kochen.
Ohne Zuzahlung, ~~24,90~~ Euro
Prämien-ID: F1520

LOW CARB KOCHBUCH
Mit deinem Monsieur Cuisine mühelos in die köstlichste Low-Carb-Küche starten. Denn der smarte Küchenhelfer bereitet alle Gerichte ganz einfach gelingsicher zu.
Ohne Zuzahlung, ~~14,99~~ Euro
Prämien-ID: F1569

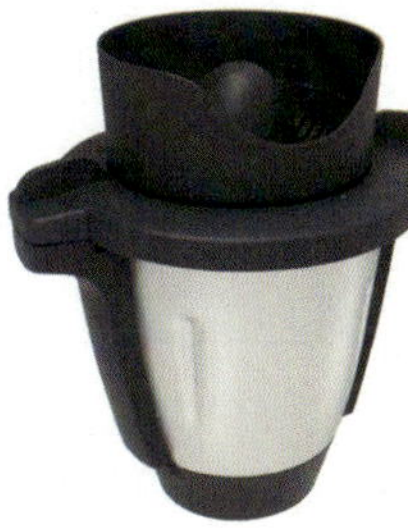

WUNDERJUICER®
Der WunderJuicer ermöglicht effektives und gründliches Auspressen von Zitrusfrüchten aller Art und ist dabei zusätzlich 70% schneller im Vergleich zu herkömmlichen Saftpressen.
Zuzahlung nur 12 Euro, ~~39,95~~ Euro
Prämien-ID: F1542

JETZT BESTELLEN UNTER:
www.zaubermix.de/kombiabo
Bestellnummer: MC22ONEE

Fotos: Archiv

* Diese Angaben gelten nur innerhalb Deutschlands. Alle Prämien erhältlich, nur so lange der Vorrat reicht. Originalprodukt kann von Abbildung abweichen.

5:2-FASTEN
Bewusster essen

Fünf Tage essen wie gewohnt, zwei Tage auf 500 bis 600 Kalorien reduzieren. Ernährungscoach Lukas teilt wichtige Tipps und drei einfache Rezepte für die Fastentage. Mehr erfahrt ihr in unserem E-Book

Rezepte: Lukas Nissen

Spinatküchlein zum Fasten
Rezept siehe Seite 86

BEWUSSTER ESSEN

An fünf Tagen esst ihr normal, an den anderen zwei Tagen reduziert ihr eure Kalorienzufuhr auf 500 bis 600 Kalorien. Man spricht hier von Fasten, weil die Nahrungsaufnahme stark eingeschränkt ist. Der Körper bekommt so die Chance, Fettreserven anzuzapfen und in den Zustand der Fettverbrennung zu kommen. Das unterstützt das Gewichtsmanagement und fördert Regeneration sowie Stoffwechsel. Eine einfache Methode, die sich leicht in den Alltag integrieren lässt und viele gesundheitliche Vorteile bietet.

SATTMACHER
Eiweiß und Ballaststoffe halten euch an den Fastentagen lange satt. So bleibt ihr auch an den Tagen mit weniger Essen fit und habt genug Energie, um den Alltag zu meistern.

Rinderstreifen-Salat zum Fasten
Rezept siehe Seite 86

Top 5

Lebensmittel fürs Fasten

Diese nährstoffreichen und kalorienarmen Lebensmittel sind perfekt, um euch an den Fastentagen zu unterstützen:

1. **Brühen und Kräutertees**
Beide liefern Flüssigkeit und Nährstoffe mit einem Minimum an Kalorien. Ideal als Grundversorgung an Fastentagen.

2. **Wasserreiches Gemüse**
Gurke und Sellerie spenden Flüssigkeit und Nährstoffe bei sehr niedriger Kalorienzahl. Ideal für Snacks und Salate.

3. **Beeren**
Blaubeeren und Himbeeren sind antioxidativ und kalorienarm, ideal als gesunder Snack.

4. **Fermentierte Lebensmittel**
Sauerkraut und Kimchi fördern die Darmgesundheit und unterstützen die Verdauung.

5. **Chiasamen**
Faserreich und sättigend, ideal für Puddings oder als Topping in Smoothies.

Selbst gemachte Gemüsebrühe zum Fasten

01 | 45 std : min

LOW CARB | LOW FAT

PRO PORTION (100 ML): 9 KCAL | 0 G E | 1 G F | 0 G KH

ZUTATEN FÜR 4 GLÄSER À 400 ML

- **1 Zwiebel, halbiert**
- **20 g Petersilienblättchen**
- **15 g Liebstöckel**
- **100 g Knollensellerie, in Stücken**
- **2 Karotten, in Stücken**
- **1 Petersilienwurzel, in Stücken**
- **100 g Staudensellerie, in Stücken**
- **1 Stange Lauch, in Stücken**
- **2 EL Öl**
- **2 Wacholderbeeren**
- **½ TL Pfefferkörner**
- **3 Pimentkörner**
- **Wasser**

1 Zwiebel mit Kräutern in den Mixtopf geben und **5 Sek. | Stufe 8** zerkleinern. Gemüse zugeben und **6 Sek. | Stufe 7** zerkleinern. Mit dem Spatel nach unten schieben. Öl zugeben und **3 Min. | Stufe 1 | 120 °C** andünsten. Wacholderbeeren, Pfefferkörner sowie Piment zufügen, bis zur 2-l-Markierung mit Wasser auffüllen. Die Zutaten **75 Min. | Stufe 2 | 100 °C** kochen, dabei den Kocheinsatz als Spritzschutz aufsetzen.

2 Die Brühe durch ein Sieb gießen. Heiß in die sterilisierten Gläser füllen und diese fest verschließen.

>**HALTBARKEIT** Die Brühe kühl und dunkel aufbewahren, dann ist sie 2–3 Monate haltbar.

RUNDUM GUT
Eine leichte Brühe ist die perfekte Wahl, um den Hunger zu stillen, ohne die Kalorienzufuhr zu überschreiten. Sie liefert zudem wertvolle Mineralien, die eurem Körper an diesen Tagen besonders wohltun.

Fotos: Archiv (1); Frauke Antholz (1); StockFood/Bauer Syndication (1); Katharina Küllmer (1)

Spinatküchlein zum Fasten

00 40 std : min

LOW CARB LOW FAT

PRO PORTION: 329 KCAL | 22 G E | 26 G F | 16 G KH

ZUTATEN FÜR 4 PERSONEN

- ★ 1 Knoblauchzehe
- ★ 1 EL Öl
- ★ 200 g Spinat
- ★ Salz
- ★ Pfeffer
- ★ 250 g Ricotta
- ★ 250 g Quark
- ★ 2 Eier
- ★ 50 g Weizenmehl Type 405
- ★ 2 EL Butterschmalz
- ★ 4 EL Olivenöl
- ★ 2 EL Weißweinessig
- ★ 150 g gemischter Blattsalat
- ★ 100 g Kirschtomaten, halbiert
- ★ ½ Bund Radieschen, in Scheiben

1 | Knoblauch im **2 Sek.** | **Turbo** zerkleinern. Das Öl zugeben und den Knoblauch **2 Min.** | **Stufe 1** | **120 °C** andünsten. Spinat zugeben und **3 Min.** | | **Stufe 1** | **120 °C** zusammenfallen lassen, mit Salz und Pfeffer würzen. Die Spinatmischung etwas abkühlen lassen, dann **4 Sek.** | **Stufe 5** zerkleinern.

2 | Ricotta mit Quark, Eiern und Mehl hinzufügen und **20 Sek.** | **Stufe 4** vermengen. Butterschmalz portionsweise in einer Pfanne zerlassen und mithilfe von Esslöffeln kleine Teigportionen in die Pfanne setzen. Etwas flach drücken, in etwa 8 Min. von beiden Seiten goldbraun backen.

3 | Olivenöl, Essig und 2 EL Wasser verrühren und mit Salz und Pfeffer würzen. Den Salat mit Tomaten, Radieschen und Vinaigrette mischen. Mit Spinatküchlein angerichtet servieren.

>FÜR DEN FASTENTAG An eurem Fastentag könnte gegen Mittag der Hunger größer werden – und genau hier kommen die Spinatküchlein ins Spiel! Sie liefern euch viel Eiweiß, gesunde Fette und sättigende Ballaststoffe, ohne zu schwer zu sein. So könnt ihr den Rest des Tages gut durchhalten.

Rinderstreifen-Salat zum Fasten

01 00 std : min

LOW CARB LOW FAT

PRO PORTION: 352 KCAL | 20 G E | 21 G F | 25 G KH

ZZGL. 20 MIN. RUHEZEIT

ZUTATEN FÜR 4 PERSONEN

- ★ 100 g Dinkel
- ★ 2 Knoblauchzehen
- ★ 5 EL Olivenöl
- ★ 2 EL Tomatenmark
- ★ 250 g Wasser
- ★ 1 TL Gemüse-Gewürzpaste
- ★ 200 g Rindersteak (ca. 3 cm dick)
- ★ Salz
- ★ Pfeffer
- ★ Saft von ½ Zitrone
- ★ 4 gegrillte rote Paprika (Glas), abgetropft, in Streifen
- ★ 10 Datteltomaten, geviertelt
- ★ 100 g grüne Oliven, entsteint, halbiert
- ★ 4 Artischockenherzen in Lake (Dose), in Spalten
- ★ 50 g Babyspinat

1 | Dinkel ca. 20 Min. in Wasser einweichen, dann abgießen. Den Knoblauch **5 Sek.** | **Stufe 5** zerkleinern. 2 EL Öl und Tomatenmark zufügen, **2 Min.** | **Stufe 1** | **120 °C** andünsten. Dinkel zugeben und **5 Min.** | **Stufe 2** | **100 °C** dünsten. Wasser mit Gemüse-Gewürzpaste zugeben, **20 Min.** | | **Stufe 1** | **100 °C** ohne Messbecher garen. Umfüllen.

2 | Backofen auf 100 °C Ober-/Unterhitze vorheizen. In einer ofenfesten Pfanne 1 EL Öl erhitzen. Steak darin auf beiden Seiten ca. 2 Min. braten. Mit je 1 Prise Salz und Pfeffer würzen und 10–15 Min. im Ofen fertig garen.

3 | Zitronensaft, restliches Öl sowie je 1 Prise Salz und Pfeffer verrühren. Dinkel abschmecken und auf Teller verteilen. Paprika, Tomaten, Oliven, Artischocken und Spinat ringsum darauf verteilen. Steak in dünne Scheiben schneiden und auf dem Salat anrichten. Mit dem Dressing garniert servieren.

SO HALTET IHR DURCH

Lukas Nissen, Ökotrophologe und Ernährungscoach, gibt Empfehlungen für erfolgreiches 5:2-Fasten:

Warum entscheiden sich viele Menschen für das Fasten? Die meisten möchten mehr Kontrolle über ihre Essgewohnheiten erlangen und ungesunde Muster durchbrechen. Häufig geht es um Gewichtsverlust, eine verbesserte Verdauung und das Bedürfnis, eine gesündere Beziehung zum Essen zu entwickeln. Zusätzlich berichten sie von einer gesteigerten mentalen Klarheit und einem besseren Wohlbefinden.

Welches ist dein wichtigster Tipp? Es geht darum, sich bewusst für das Fasten zu entscheiden. Es geht nicht ums Hungern, sondern darum, dem Körper eine Auszeit zu gönnen und ihm Zeit zur Regeneration zu geben. Diese Einstellung hilft enorm beim Durchhalten.

Wie sollte man die zwei Fastentage am besten planen? Tragt sie fest in euren Kalender ein und verändert sie möglichst auch nicht wieder. So gewöhnt ihr euch schneller an den Rhythmus. Die Mitte der Woche eignet sich oft besser als ein eher stressiger Tag wie der Montag.

Was kann ich an den Fastentagen zu mir nehmen? An den zwei Fastentagen sollte man insgesamt nicht mehr als 600 Kalorien zu sich nehmen. Die Gerichte sollten leicht und nährstoffreich sein, um den Körper gut zu versorgen. Ideal sind Mahlzeiten mit viel Gemüse und Proteinen, um den Hunger zu zügeln.

Wie kann man Hungergefühle an den Fastentagen leicht überbrücken? Viel trinken ist wichtig – mindestens zwei Liter am Tag. Wenn ihr Sport treibt, dann noch mehr. Auch warme Gemüsebrühe kann helfen, kleine Hungerattacken zu überstehen. Der Monsieur Cuisine ist hierbei ein toller Helfer, um schnell eine leckere Brühe bzw. selbst gemachte Gemüse-Brühwürfel zuzubereiten.

Was sollte man an den fünf normalen Tagen essen? An den normalen Tagen solltet ihr auf ausgewogene Mahlzeiten setzen. Statt Ungesundes wie Fast Food sind nährstoffreiche Gerichte mit viel Gemüse, Vollkorn und Protein ideal. So versorgt ihr euren Körper gut und unterstützt die Fasten-Methode effektiv.

Fotos: Archiv (1); StockFood/News Life Media (1); Adobe Stock / kucherav (1)

RATESPASS

Während der Monsieur etwas Leckeres für euch kocht, habt ihr Zeit, unser Rätsel zu lösen!

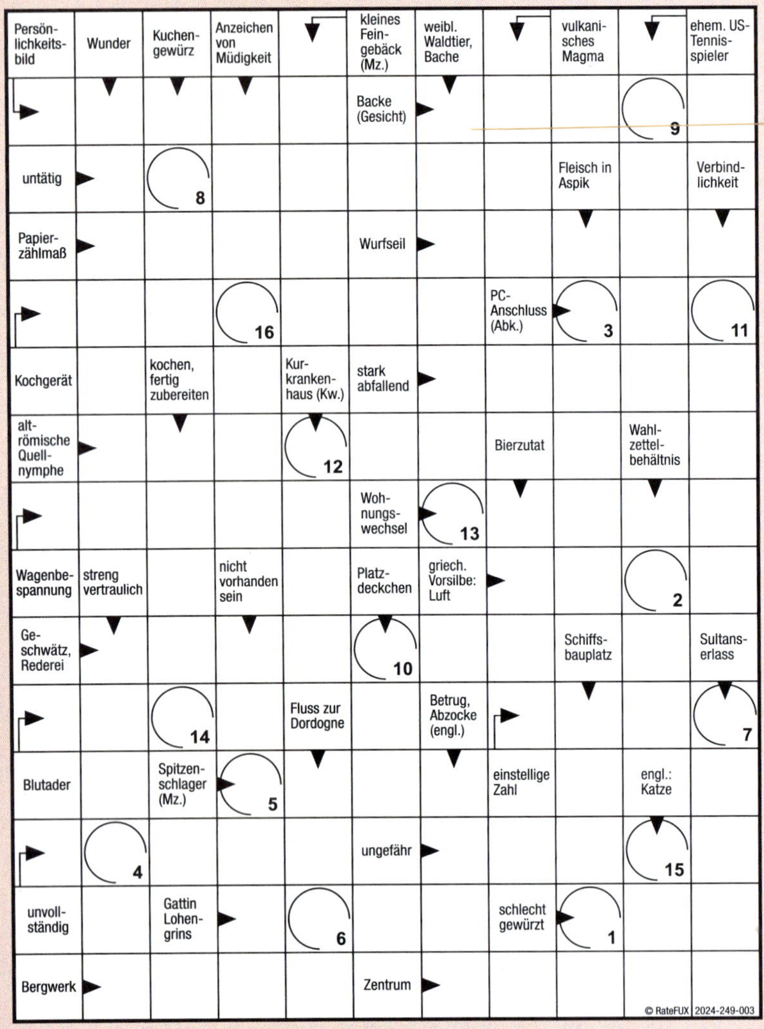

LÖSUNGSWORT:

1	2	3	4	5	6	7	8	9	10	11	12	13	14	15	16

Lösungswort 1/25: LEICHTIGKEIT

Illustrationen: Adobe Stock: Vasyl Yurlov (1)

monsieur cuisine

www.zaubermix.de

IMPRESSUM

falkemedia GmbH & Co. KG, Pahlblöken 15–17, 24232 Schönkirchen
Tel. +49 431 200 766-0, Fax +49 431 20 07 66 50
E-Mail: redaktion@zaubermix.de, www.zaubermix.de

Herausgeber
Kassian Alexander Goukassian (v. i. S. d. P.)

Mitglied der Geschäftsleitung & Ltg. Marketing
Wolfgang Pohl

Chefredakteurin/Teamleitung
Vivien Koitka

Redaktion (redaktion@zaubermix.de)
Hannah Hold, Svenja Rudolf, Hanna Schliemann;
Chefin vom Dienst: Nicole Neumann
Redaktionsleitung: Dr. Tanja Lindauer

Rezeptentwicklung
Lukas Nissen, Elisa Schilling, Vera Schubert

Art-Direktion
Marleen Osbahr

Layout und Bildbearbeitung
Nina Damm, Mareike Wilke, Katharina Rudy

Lektorat Julia Voigtländer

Fotograf*innen dieser Ausgabe
Tina Bumann, Maren Eicks, Anna Gieseler, Kathrin Knoll, Sandra Leibinger, Ira Leoni, Désirée Peikert

Abonnementbetreuung
abo@zaubertopf.de, Tel. +49 431 200 766-0,
ZauberTopf Abo-Service, falkemedia GmbH & Co. KG, Pahlblöken 15–17, 24232 Schönkirchen

Mediaberatung
Tim Schöneberg (tim@nicemountain.de), www.nicemountain.de, Mobil +49 151 56 16 65 61

Silja Aicher (s.aicher@aichermediakontor.de), Aicher Mediakontor, Tel. +49 40 52 59 51 80, Mobil +49 172 175 61 04

Martin Wetzel (Martin.Wetzel@brmedien.de), Tel. +49 2241 17 74 14, Fax +49 2241 17 74 20

Sascha Eilers (s.eilers@falkemedia.de), Tel. +49 4340 49 93 79, Mobil +49 151 53 83 44 12, Fax +49 4340 49 93 91

Anzeigenkoordination
Dörte Schröder (d.schroeder@falkemedia.de), Tel. +49 431 20 07 66 12

Anzeigenpreise: Siehe Mediadaten 2025 unter www.zaubertopf.de

Produktionsmanagement/Druck
impress GmbH, www.impress-media.de

Vertrieb
DMV Der Medienvertrieb GmbH & Co. KG, Meßberg 1, 20086 Hamburg

Vertriebsleitung
Hans Wies, DMV Der Medienvertrieb GmbH & Co. KG (Hans.Wies@dermedienvertrieb.de)

Bezugsmöglichkeiten
Abo, Zeitschriften- und Buchhandel, Bahnhöfe, Flughäfen

Einzelpreis: 6,70 Euro (reguläres Heft), 11,49 Euro (Spezial)
Jahresabonnement: 59,90 Euro
Europäisches Ausland zzgl. 0,90 Euro je Ausgabe.
In den Preisen sind Mehrwertsteuer und Zustellung enthalten.
Bezogen auf 8 Ausgaben im Jahr inkl. E-Paper. Der Verlag behält sich die Veränderung der Erscheinungsfrequenz vor.

Manuskripteinsendung
Manuskripte jeder Art werden gern entgegengenommen. Sie müssen frei von Rechten Dritter sein. Mit der Einsendung gibt der Verfasser die Zustimmung zum Abdruck des Manuskripts auf Datenträgern der Firma falkemedia. Ein Einsenden garantiert keine Veröffentlichung. Honorare nach Vereinbarung oder unseren AGB. Für unverlangt eingesandte Manuskripte übernimmt der Verlag keine Haftung.

aliva
apotheke
NATUR PUR
Deine Basics für selbst gemachte Kosmetik
Bergland
Mandel-Öl
Lavendel fein*
PRIMAVERA
DERMASEL
TOTES MEER BADESALZ
PUR – DAS ORIGINAL
-10 %*
RABATT
aliva
apotheke
10 %* Rabatt auf ausgewählte Produkte:
www.aliva.de/c/themenwelten/zauberwelt
CODE:
Zauber-10
Nur für ZauberMix Fans
www.aliva.de/c/themenwelten/zauberwelt
Fotos: Aliva Apotheke (3) | *Der Rabatt gilt für Online-Bestellungen ab 50 €, nur für rezeptfreie Produkte der Kategorie Themenwelten / ZauberWelt, außer Bücher. Der Rabatt ist nicht mit anderen Geschenken & Aktionen kombinierbar, nur einmalig & nicht rückwirkend einlösbar. Keine Barauszahlung möglich. Einlösbar bis 31.12.2025. Angebote & Aktionsartikel nur solange der Vorrat reicht. Änderungen bei Druckfehlern vorbehalten.
Preise in Euro inkl. Mehrwertsteuer zzgl. Versandkosten. Auslieferung nur innerhalb Deutschlands.

Für jeden Anlass
Finde einfache, inspirierende Ideen
für den Monsieur Cuisine bei ZauberMix
So lecker wie er aussieht!
Saftiger Osterfladen
Wochenplan
Kochbuch
Saftiger Osterfladen
50 Min. | Einfach | 4.6
Zutaten
Zubereitung
Bereits gekocht
Wie viele Stücke?
12
Jetzt GRATIS testen
und jeden Tag Neues entdecken
monsieur cuisine
Download on the App Store
GET IT ON Google Play
Fotos: Kathrin Knoll (1); Archiv (1)

SPEZIAL

Entspannter OSTERBRUNCH

25 Ideen FÜRS FEST

Ob Frühstück oder Kaffeezeit in geselliger Runde – unsere schnellen Rezept- und Dekoideen lassen sich allesamt gut vorbereiten und überraschen eure Gäste mit Vielfalt

Fotos: siehe Rezeptseiten

Vorfreude auf LIEBE GÄSTE

Hübsche Akzente

Stoffservietten, Tischdecken und Kissenbezüge mit österlichen Dekoren verwandeln den Esstisch sofort in eine festliche Tafel. Eine große Auswahl an Produkten und Motiven findet ihr unter www.textilwerk.com

Käse-Schinken-Croissants de luxe

00 45 std : min

LOW CARB LOW FAT

PRO STÜCK: 411 KCAL | 14 G E | 26 G F | 27 G KH

ZUTATEN FÜR 6 STÜCK

- **Blättchen von 4 Stielen Petersilie**
- **100 g Gouda, in Stücken**
- **200 g Schmand**
- **80 g Schinkenwürfel**
- **2 Prisen Salz**
- **1 Prise Pfeffer**
- **1 Croissantteig (Kühlregal, ca. 400 g)**
- **1 Eigelb**
- **2 EL Milch**

1 | Die Petersilie im **5 Sek. | Stufe 8** zerkleinern, dann umfüllen. Gouda im **10 Sek. | Stufe 8** zerkleinern. 3 EL Käse zum Bestreuen umfüllen. Schmand, Schinken, Petersilie, Salz sowie Pfeffer zufügen und **10 Sek. | | Stufe 3** vermengen.

2 | Den Backofen auf 190 °C Ober-/Unterhitze vorheizen. Ein Blech mit Backpapier belegen.

3 | Den Croissantteig entrollen und mit der Creme bestreichen. Dann den Teig in 3 gleich große Rechtecke schneiden und jeweils diagonal halbieren, sodass 6 Dreiecke entstehen. Zu Croissants aufrollen und auf das Blech legen. Eigelb mit Milch verquirlen und die Croissants damit bestreichen. Mit dem restlichen Käse bestreuen.

4 | Im heißen Backofen 25–30 Min. backen, aus dem Ofen nehmen, auskühlen lassen und servieren.

> **VARIANTE** Bestreut die Croissants vor dem Backen mit Sesam oder Mohn für extra Geschmack und Optik. Mohn bleibt am besten haften, wenn ihr die Croissants vorher leicht mit Wasser oder Ei bestreicht.

BACKSTUBEN-EXPRESS

Damit die pikanten Teilchen ganz schnell im Ofen landen, machen wir es uns extraleicht und verwenden backfertigen Croissantteig. Die würzige Füllung ist im Monsieur Cuisine in unter einer Minute gemixt, daher könnt ihr die Croissants auch noch am Frühstücksmorgen frisch zubereiten und warm servieren.

Fotos: Textilwerk (1); Sandra Leibinger (1)

Cremiger Bärlauchdip

00 05 std : min

LOW CARB LOW FAT

PRO PORTION (30 G): 86 KCAL | 2 G E | 9 G F | 1 G KH

ZUTATEN FÜR 1 GLAS À 300 ML

- 40 g Bärlauchblätter
- 30 g Olivenöl
- 200 g Schmand
- 100 g Feta, in Stücken
- Saft von ½ Zitrone
- ¼ TL Salz
- 2 Prisen Pfeffer

Bärlauch zusammen mit Olivenöl in den Mixtopf geben, **5 Sek. | Stufe 8** zerkleinern. Die restlichen Zutaten hinzufügen und **8 Sek. | Stufe 5** vermengen. Sofort servieren oder in einem Glas kalt stellen.

>**HALTBARKEIT** Im Kühlschrank aufbewahren und innerhalb von 2 Tagen aufbrauchen.

5-MINUTEN-HIT
Dieser Dip ist vielseitig einsetzbar. Ob als Aufstrich, zu Gemüsesticks oder zu Fleisch – er passt immer. Auf dem Brunch-Tisch wird er garantiert schnell zum Favoriten!

Luftige Deko

Für die Vase eignen sich frisch geschnittene Zweige mit Blüten. Besonders hübsch machen sich daran einige pastellfarbene Ornamente und Porzellan-Eier. Frisch entdeckt: „Sweet Stories Ornaments" – ihr erhaltet sie im 2er-Set für ca. 34 Euro, www.dottirnordicdesign.com

Fotos: TrendXpress/Dottir (1); Sandra Leibinger (1); Kathrin Knoll (1)

EASY VORBEREITET
Mindestens die Kartoffeln sowie die Eier könnt ihr bereits am Vortag kochen. Wer möchte, kann den Salat auch schon vollständig anmachen und bis zum Frühstück kalt stellen. So zieht er kräftig durch.

Frühkartoffel-Eier-Salat zum Vorbereiten

00 50 std : min

LOW CARB | LOW FAT

PRO PORTION: 630 KCAL | 34 G E | 34 G F | 48 G KH

ZUTATEN FÜR 4 PERSONEN

- 800 g Drillinge, halbiert
- 10 EL Olivenöl
- Salz
- 1000 g Wasser zum Dämpfen
- 250 g grüne Bohnen
- 6 Eier
- Blättchen von 4 Stielen Petersilie
- 5 EL heller Balsamicoessig
- 100 g Wasser
- 1 TL Gemüse-Gewürzpaste
- 1 TL körniger Senf
- 1 Prise Zucker
- 3 Prisen Pfeffer
- 1 rote Paprikaschote, in Stücken
- 1 rote Zwiebel, in Ringen
- 80 g Kapernäpfel in Lake (Glas), abgetropft
- 300 g Thunfisch im eigenen Saft (Dose), abgetropft

1 Den Backofen auf 200 °C Ober-/Unterhitze vorheizen. Ein Backblech mit Backpapier belegen. Drillinge mit 3 EL Öl sowie etwas Salz vermengen und auf dem Blech verteilen. Im vorgeheizten Ofen ca. 30 Min. backen.

2 Währenddessen 1000 g Wasser in den ⌴ geben. Bohnen im tiefen Dampfgaraufsatz verteilen und **5 Min.** | ♨ garen. Dampfgaraufsatz abnehmen, die Eier im Kocheinsatz verteilen, einhängen, Dampfgaraufsatz erneut aufsetzen. Weitere **16 Min.** | ♨ garen, dabei das Aufheizen abbrechen. Dampfgaraufsatz abnehmen und den Kocheinsatz mithilfe des ✎ entnehmen. Eier abschrecken, pellen und in Spalten schneiden. Den ⌴ leeren.

3 Petersilie in den ⌴ geben, **5 Sek.** | **Stufe 8** hacken. Das restliche Öl mit Essig, Wasser, Gewürzpaste, Senf, Zucker sowie Pfeffer zufügen und **10 Sek.** | **Stufe 3** vermengen.

4 Kartoffeln aus dem Ofen nehmen, abkühlen lassen und in eine große Schüssel geben. Das Dressing unterheben. Bohnen, Paprika, Zwiebel, Kapernäpfel und Thunfisch zugeben und alles vermengen. Den Kartoffelsalat auf Teller verteilen, mit Eiern garnieren und servieren.

Thunfischdip

00 05 std : min

LOW CARB LOW FAT

PRO PORTION (30 G): 40 KCAL | 4 G E | 2 G F | 1 G KH

ZUTATEN FÜR 400 G

- 1 rote Zwiebel, halbiert
- 185 g Thunfisch, im eigenen Saft (Dose), abgetropft
- 200 g Kräuterfrischkäse
- 3 Prisen Salz
- 3 Prisen Pfeffer
- frische Kräuter zum Garnieren (z.B. Schnittlauch)

Zwiebel in den geben, **5 Sek.** | **Stufe 8** zerkleinern und dann mit dem nach unten schieben. Restliche Zutaten zufügen, **10 Sek.** | | **Stufe 2** vermengen. Mit Kräutern garniert servieren.

> **HALTBARKEIT** Im Kühlschrank gelagert hält sich der Dip 1–2 Tage.

HOPPLAHOPP

Dank der haltbaren Zutaten könnt ihr den Thunfisch-Dip praktisch jederzeit zubereiten. Erwartet ihr Gäste mit großem Appetit, haltet die Zutaten in doppelter Menge bereit. Die Schale ist in nur 5 Minuten wieder aufgefüllt.

Frische Farbtupfer

Der gedeckte Tisch lebt im Frühling vor allem auch durch die frischen Farben der Natur auf. Feine Farbtupfer setzen dabei Schnittblumen und Topfpflänzchen, die lange Freude bereiten. Besonders schön: die „Orchidee Nederland" im leuchtenden Zitronengelb. Mehr Infos unter www.orchidsinfo.eu

Fotos: Anna Gieseler (2); Orchids EU (1); Sandra Leibinger (1)

GLANZVOLLER AUFTRITT
Gekochte Eier sind lange haltbar, daher eignen sie sich gut für die Vorbereitung. Die Metallic-Ostereier wirken in einem größeren Nest auf dem Tisch besonders schön!

Knusper-Osternester aus 3 Zutaten

00 15 std : min

LOW CARB · LOW FAT

PRO STÜCK: 227 KCAL | 3 G E | 10 G F | 31 G KH

ZZGL. 1 STD. RUHEZEIT

ZUTATEN FÜR 12 STÜCK

- **200 g Vollmilchschokolade, in Stücken**
- **200 g Knusper-Zimtballs (z.B. von Bauck)**
- **36 bunte Zuckereier**

AUSSERDEM
- **12er-Muffinblech**

1 Die Schokolade im Mixtopf **10 Sek.** | **Stufe 8** zerkleinern. Mit dem Spatel nach unten schieben, **4 Min.** | **Stufe 1** | **50°C** schmelzen lassen. Die Zimtballs zugeben und **30 Sek.** | Linkslauf | **Stufe 1** unterrühren.

2 Mit 2 Teelöffeln kleine Häufchen in die Muffinblech-Mulden setzen, die Mitte eindrücken und einen kleinen Rand formen, sodass Nester entstehen. Im Kühlschrank ca. 1 Std. aushärten lassen. Je 3 Zuckereier in die Nester setzen und servieren.

Metallic-Ostereier färben und kochen

00 50 std : min

LOW CARB · LOW FAT

PRO STÜCK: 141 KCAL | 12 G E | 9 G F | 2 G KH

ZUTATEN FÜR 12 STÜCK

- **1900–2200 g Wasser**
- **9–12 weiße Eier**
- **Lebensmittelfarbe (z. B. Braun, Blau, Pink)**
- **Lebensmittelfarbe (z. B. Metallic, Gold, Kupfer)**
- **3–4 EL Essig**

AUSSERDEM
- **3–4 hitzebeständige Gefrier- oder Frühstücksbeutel**

1 1000 g Wasser in den Mixtopf füllen und den tiefen Dampfgaraufsatz aufsetzen. Jeweils 3 Eier in einen Beutel geben. Je 300 g Wasser, 1 EL Essig, 4–5 Tropfen Lebensmittelfarbe und 2 Tropfen Metallic Lebensmittelfarbe zufügen, vermischen. Gut verschließen, sodass möglichst wenig Luft verbleibt und alle Eier bedeckt sind.

2 Beutel in den Dampfgaraufsatz legen. Darauf achten, dass die Luftschlitze nicht komplett verdeckt sind. **5 Min.** | Dampfgaren garen.

3 Die Beutel vorsichtig aus dem Dampfgaraufsatz nehmen, in die Spüle legen und unterhalb des Verschlusses abschneiden, sodass die Flüssigkeit herauslaufen kann. Die Eier auf Küchenkrepp trocknen lassen.

Eierlikör-Tiramisu im Glas

00 | 20 std : min

LOW CARB LOW FAT

PRO PORTION: 633 KCAL | 14 G E | 37 G F | 54 G KH

ZZGL. 3 STD. RUHEZEIT

ZUTATEN FÜR 6 PERSONEN

FÜR DEN EIERLIKÖR-PUDDING
- **300 g Milch**
- **200 g Eierlikör zzgl. 6 TL zum Garnieren**
- **30 g Zucker**
- **1 Pck. Vanillepuddingpulver**

FÜR DIE CREME
- **100 g Löffelbiskuits**
- **200 g Sahne**
- **1 Pck. Sahnesteif**
- **250 g Mascarpone**
- **250 g Quark**
- **70 g Zucker**
- **Schokoraspel zum Garnieren**

1 | Alle Zutaten für den Pudding in den Mixtopf geben, **5 Sek. | Stufe 5** vermengen. Anschließend **10 Min. | Stufe 3 | 100°C** kochen. Umfüllen, abdecken und ca. 2 Std. vollständig auskühlen lassen. Den Mixtopf spülen.

2 | Löffelbiskuits in den Mixtopf füllen, **5 Sek. | Stufe 8** zerkleinern, umfüllen. Den Rühraufsatz einsetzen. Sahne mit Sahnesteif in den Mixtopf geben und ohne Zeiteinstellung **Stufe 4** unter Sichtkontakt steif schlagen. Rühraufsatz entnehmen, Sahne umfüllen.

3 | Mascarpone, Quark und Zucker in den Mixtopf geben und **3 Min. | Stufe 3** cremig rühren. Die Sahne mithilfe des Spatels unterheben.

4 | Biskuits, Pudding und Creme abwechselnd in Gläser schichten. Mind. 1 Std. kalt stellen. Vor dem Servieren jeweils 1 TL Eierlikör auf die letzte Schicht geben und Schokoraspel darüberstreuen.

COOL BLEIBEN

Unser Schichtdessert ist in nur 20 Minuten vorbereitet und wird dann im Kühlschrank gelagert, bis die Gäste kommen. Ihr könnt die Gläser somit ganz entspannt bereits am Vortag befüllen.

GASTGEBEN

Wie ihr mit kreativen Ideen ein stimmungsvolles Ambiente zaubert und für glückliche Gäste sorgt

STRAHLEND SCHÖN

Auf dem Ostertisch dürfen hübsche Kerzen nicht fehlen. Neu entdeckt: moderne Stab- und Tafelkerzen in dezenten Farbtönen vom dänischen Hersteller Uyuni. Die dürfen dank LED-Flamme auch mal unbeaufsichtigt auf dem Büfett stehen. Zum Beispiel auf www.nordic-nest.de

INVOLVIERT EURE GÄSTE

Bevor ihr euch vor dem Wochenende zu sehr stresst, bittet auch eure Gäste, ihre persönlichen Leckerbissen mitzubringen. Am Tag des Brunchs könnt ihr außerdem einen Gast darum bitten, beispielsweise die Getränke im Blick zu behalten, sodass Kaffeekanne und Wasserkaraffen immer gefüllt sind. Und wichtig: Es muss nicht alles perfekt sein. Eure Freunde sind da, um eine schöne Zeit mit euch zu verbringen!

GLAMOUR UND GLITTER

Für unsere Metallic-Ostereier haben wir essbares Glitzerpuder verwendet. Ihr findet Töne wie Roségold oder Bronze beim Backzubehör oder online zum Beispiel von „Colour Mill" ab ca. 5 Euro unter www.cakex.de

REZEPTSCHATZ

Das **ZauberMix** Rezeptbuch bietet Platz für eure liebsten Rezepte, kreative Notizen und hilfreiche Tipps. Auch toll zum Verschenken! 14,99 Euro, www.zaubertopf-shop.de

Zum Anstoßen!

Spritzig-prickelnd mit Traube und Rhabarber, dabei ganz ohne Alkohol: der Fruchtsecco Cuvé Nº4 „Zerozzante" von Raumland, 11 Euro

So läuft es (fast) von allein

Folgende Tipps helfen Gastgebenden dabei, den trubeligen Tag gelassen anzugehen

ALLES, WAS SCHON FERTIG SEIN KANN:

- ✓ **Salate & Dips**: Frühkartoffel-Eier-Salat schmeckt nach einer Nacht im Kühlschrank noch besser, genauso wie Bärlauch- und Thunfischdip.
- ✓ **Süßes aus der Kühlung**: Eierlikör-Tiramisu, süße Osternester oder Kuchen lassen sich am Vortag zaubern und sind dann servierfertig.
- ✓ **Schnelle Helfer**: Teig für Pancakes oder Baked Oats können vorbereitet werden – so geht's morgens schneller!
- ✓ **Brot, Brötchen und Hefezopf**: Backt am Vorabend ein frisches Brot oder setzt Brötchenteig an, der über Nacht geht. Extratipp: Den Hefezopf mal in einer herzhaften Variante ausprobieren.

WAS FRISCH AUF DEN TISCH KOMMT:

- ✓ **Warme Köstlichkeiten**: Käse-Schinken-Croissants, Bacon-Pancakes und knuspriger Speck schmecken frisch gebacken am besten.
- ✓ **Eierspeisen:** Rührei, pochierte Eier oder Shakshuka mit würzigen Tomaten und Kräutern sind perfekte Hingucker.
- ✓ **Frisches Obst**: Eine bunte Platte mit Beeren, Zitrusfrüchten und exotischen Highlights bringt Frische auf das Brunch-Büfett.

Fotos: Uyuni (1); Raumland (1); Colour Mill (1); Archiv (2); Maren Eicks (1)

Ostergebäck MAL ANDERS ...

Unsere geliebten Klassiker schlüpfen zu Ostern in neue Frühlingsgewänder. So überraschen kleine Amerikaner als zuckersüße Küken und in der Biskuitrolle versteckt sich saftiger Karottenkuchen. Entdeckt außerdem unsere Funde für die Backstube

GESCHENK IDEE

Amerikaner-Küken

Rezept siehe Seite 106

Foto: Anna Gieseler (1)

SCHÖN FRUCHTIG
Hier überrascht saftiges Trockenobst im Hefekranz. Es hat viele Vorteile: Die Früchte sind lange haltbar, bereits perfekt vorbereitet zur Verarbeitung und ihr Aroma ist sehr intensiv. Wir haben „Soft-Aprikosen" von Seeberger verwendet. www.seeberger.de

Saftiger Osterkranz

01 | 00 std : min

PRO SCHEIBE: 179 KCAL | 2 G E | 8 G F | 24 G KH

ZZGL. 1 STD. 5 MIN. RUHEZEIT

ZUTATEN FÜR 12 SCHEIBEN

- 60 g getrocknete Aprikosen
- Saft von ½ Zitrone
- 100 g Milch
- 60 g Zucker
- 20 g frische Hefe
- 500 g Weizenmehl Type 405 zzgl. etwas zum Bearbeiten
- 1 Prise Salz
- 1 EL selbst gemachter Vanillezucker
- 60 g weiche Butter, in Stücken
- 200 g saure Sahne
- 1 Ei
- 150 g Puderzucker
- 4 EL Aprikosensaft

1 Aprikosen mit Zitronensaft in den Mixtopf geben, **5 Sek. | Stufe 8** zerkleinern und umfüllen. Milch, Zucker sowie Hefe in den Mixtopf geben und **3 Min. | Stufe 1 | 37 °C** erwärmen. Mehl, Salz, Vanillezucker, Butter, saure Sahne, Ei und Aprikosen zufügen, **2 Min. |** Teigknetstufe kneten. Teig umfüllen, mit einem feuchten Küchenhandtuch abdecken und 45 Min. ruhen lassen.

2 Ein Backblech mit Backpapier belegen. Den Teig auf einer leicht bemehlten Arbeitsfläche in 3 gleich große Portionen teilen und zu gleich langen Rollen formen. Die 3 Stränge am oberen Ende leicht zusammendrücken und zu einem Zopf flechten. Auf das Blech setzen, dabei nach Belieben zu einem Kranz formen und die unteren Enden mit dem oberen Ende leicht zusammendrücken. Abdecken und 20 Min. ruhen lassen.

3 Backofen auf 180 °C Ober-/Unterhitze vorheizen. Den Kranz im vorgeheizten Backofen in 25–30 Min. goldbraun backen. Anschließend auf einem Kuchengitter auskühlen lassen. Puderzucker und Aprikosensaft verrühren. Den ausgekühlten Kranz mit dem Guss bestreichen, trocknen lassen und servieren.

Fotos: Anna Gieseler (1); Seeberger (1); Ira Leoni (1); Birkmann (1)

LIKÖR im Küchlein

Mini-Eierlikör-Gugelhupfe

00 : 40 std : min

LOW CARB LOW FAT

PRO STÜCK: 341 KCAL | 4 G E | 19 G F | 31 G KH

ZUTATEN FÜR 12 STÜCK

- **160 g Öl zzgl. etwas zum Fetten**
- **160 g Eierlikör zzgl. 1 EL**
- **160 g Puderzucker**
- **3 Eier**
- **1 TL selbst gemachter Vanillezucker**
- **90 g Weizenmehl Type 405**
- **90 g Stärke**
- **1 Pck. Backpulver**
- **100 g weiße Kuvertüre, in Stücken**

AUSSERDEM
- **12er-Mini-Gugelhupfform**

1 | Den Backofen auf 200 °C Ober-/Unterhitze vorheizen. Die Form mit etwas Öl einfetten. Öl, Eierlikör, Puderzucker, Eier sowie Vanillezucker in den Mixtopf geben, **3 Min. | Stufe 4** schaumig schlagen. Mehl mit Stärke und Backpulver zufügen, **20 Sek. | Stufe 4** unterrühren.

2 | Teig in die Förmchen geben, 10–15 Min. backen. Aus dem Ofen nehmen, in der Form vollständig auskühlen lassen. Den Mixtopf spülen.

3 | Kuvertüre in den Mixtopf geben und **8 Sek. | Stufe 8** zerkleinern. Mit dem Spatel nach unten schieben. 1 EL Eierlikör zugeben und **3 Min. | Stufe 1 | 50 °C** schmelzen. Die Gugelhupfe aus der Form lösen und mit der geschmolzenen Kuvertüre beträufeln.

VIELFALT
Natürlich könnt ihr die kleinen Küchlein auch als klassische Muffins ausbacken. Für Mini-Gugelhupfe empfehlen wir die Form von Birkmann, in der ihr gleich drei unterschiedliche Gugelhupf-Formen zaubert. Ca. 50 Euro, www.birkmann.de

Franzbrötchen mit Streuseln

LOW CARB | LOW FAT

01 | 30 std : min

PRO STÜCK: 720 KCAL | 12 G E | 31 G F | 100 G KH

ZZGL. 1 STD. RUHEZEIT

ZUTATEN FÜR 8 STÜCK

FÜR DIE FRANZBRÖTCHEN

- **250 g Milch**
- **20 g frische Hefe**
- **200 g Zucker**
- **60 g weiche Butter, in Stücken**
- **550 g Weizenmehl Type 405**
- **1 Prise Salz**
- **120 g kalte Butter**
- **2 TL Zimt**

FÜR DIE STREUSEL

- **60 g Butter, in Stücken**
- **75 g Weizenmehl Type 405**
- **50 g gemahlene Mandeln**
- **75 g Zucker**
- **1 Prise Salz**
- **1 Ei zum Bestreichen**
- **Puderzucker zum Bestäuben**

1 Milch mit Hefe und 80 g Zucker in den geben, **3 Min. | Stufe 2 | 37 °C** erwärmen. Weiche Butter, Mehl sowie Salz zugeben und **2 Min.** | kneten. Den Teig umfüllen und abgedeckt ca. 30 Min. gehen lassen.

2 Teig auf einer bemehlten Arbeitsfläche zu einem Rechteck ausrollen (ca. die Größe eines Backblechs). Kalte Butter ebenfalls dünn ausrollen. Dafür in Stücken zwischen 2 leicht bemehlte Blätter Backpapier legen und mit dem Nudelholz ausrollen. Die Butterplatte auf eine Teighälfte legen, die andere Seite darüberklappen und leicht andrücken.

3 Teigplatte erneut auf Backblechgröße ausrollen und ein Drittel zur Mitte klappen, das andere Drittel darüber. In Frischhaltefolie einwickeln und 30 Min. in den Kühlschrank legen.

4 2 Backbleche mit Backpapier belegen. Teig erneut ausrollen, mit Wasser bestreichen. Übrigen Zucker mit Zimt mischen. ⅔ des Zimt-Zuckers auf dem Teig verteilen und diesen anschließend von der Längsseite aufrollen.

5 Die Teigrolle abwechselnd schräg einschneiden, sodass etwa 4–5 cm große trapezförmige Stücke entstehen. Die Stücke mit genügend Abstand und der Nahtstelle nach unten auf die vorbereiteten Backbleche setzen. Einen Kochlöffelstiel in die Mitte der Teigstücke drücken, sodass die inneren Schichten nach außen gedrückt werden. So entsteht die typische Franzbrötchenform.

6 Für die Streusel die Butter in den geben und **4 Min. | Stufe 1 | 60 °C** schmelzen. Die restlichen Zutaten zufügen und **20 Sek. | Stufe 5** zu Streuseln verarbeiten. Die Franzbrötchen mit dem Ei bestreichen und mit der restlichen Zucker-Zimt-Mischung sowie den Streuseln bestreuen.

7 Die Franzbrötchen im nicht vorgeheizten Backofen bei 200 °C Ober-/Unterhitze nacheinander 18–25 Min. backen. Anschließend herausnehmen und auskühlen lassen. Wenn die Franzbrötchen abgekühlt sind, mit Puderzucker bestäuben und servieren.

KNUSPER HIGHLIGHT

Klassische Franzbrötchen bekommen mit Streuseln ein knuspriges Upgrade! Die Kombi aus softer Teigmitte und crunchy Topping macht sie unwiderstehlich. Auf dem Ostertisch sind sie eine willkommene Leckerei.

Vivien Chefredakteurin

DER IST FÜR ALLE DA

Große Blechkuchen sind unschlagbar, wenn viele zusammenkommen – ob Familie oder Freunde. Schnell im Ofen und einfach zubereitet machen sie alle glücklich und schenken mehr Zeit zum Genießen. Und natürlich passt im Frühling frischer Rhabarber perfekt dazu.

Rhabarberkuchen mit Streuseln vom Blech

01 | 00 std : min

LOW CARB LOW FAT

PRO STÜCK: 273 KCAL | 4 G E | 15 G F | 32 G KH

ZUTATEN FÜR 24 STÜCKE

FÜR DIE STREUSEL
- **200 g Weizenmehl Type 405**
- **125 g kalte Butter, in Stücken**
- **80 g Zucker**
- **1 Prise Salz**

FÜR DEN TEIG
- **400 g Weizenmehl Type 405**
- **180 g Zucker**
- **1 EL selbst gemachter Vanillezucker**
- **250 g weiche Butter, in Stücken**
- **200 g Milch**
- **4 Eier**
- **1 Pck. Backpulver**
- **1 Prise Salz**
- **400 g Rhabarber, in 1-cm-Stücken**
- **Puderzucker zum Bestäuben**

AUSSERDEM
- **Backrahmen (ca. 30×25 cm)**

1 | Den Backofen auf 180 °C Ober-/Unterhitze vorheizen. Blech mit Backpapier belegen und den Backrahmen darauf positionieren.

2 | Für die Streusel Mehl, Butter, Zucker und Salz in den Mixtopf geben, **20 Sek. | Stufe 5** vermengen. Umfüllen.

3 | Für den Teig Mehl, Zucker, Vanillezucker, Butter, Milch, Eier, Backpulver sowie Salz in den Mixtopf geben und mithilfe des Spatels **20 Sek. | Stufe 4** vermengen. Teig auf dem Backblech verstreichen und Rhabarber darauf verteilen.

4 | Anschließend die Streusel auf den Kuchen streuen. Im heißen Backofen ca. 40 Min. backen, dann auskühlen lassen. Mit Puderzucker bestäubt servieren.

Amerikaner-Küken

00 40 std : min

LOW CARB LOW FAT

PRO STÜCK: 263 KCAL | 3 G E | 9 G F | 42 G KH

ZUTATEN FÜR 14 STÜCK

FÜR DEN TEIG
- **110 g Zucker**
- **1 TL selbst gemachter Vanillezucker**
- **110 g Öl**
- **2 Eier**
- **Abrieb und Saft von ½ unbehandelten Zitrone**
- **250 g Weizenmehl Type 405**
- **40 g Stärke**
- **1 Pck. Backpulver**
- **1 Prise Salz**

FÜR GLASUR UND DEKO
- **200 g Puderzucker**
- **40 g Zitronensaft**
- **gelbe Lebensmittelfarbe**
- **28 Zuckeraugen**
- **7 orangefarbene Schokolinsen, halbiert**

1 | Backofen auf 160 °C Umluft vorheizen. 2 Backbleche mit Backpapier belegen.

2 | Für den Teig Zucker, Vanillezucker, Öl, Eier, Zitronenabrieb sowie -saft in den ⌴ geben, **30 Sek.** | **Stufe 4** aufschlagen. Restliche Zutaten zugeben und **20 Sek.** | **Stufe 4** vermengen.

3 | Teig mithilfe von 2 Löffeln auf die Backbleche geben, dabei genügend Abstand lassen. Amerikaner ca. 12 Min. hellbraun backen. Abkühlen lassen. Den ⌴ spülen.

4 | Für den Guss Puderzucker, Zitronensaft und Lebensmittelfarbe in den ⌴ geben und **20 Sek.** | **Stufe 4** vermengen. Die Amerikaner mit dem Guss glasieren und trocknen lassen. Je 2 Zuckeraugen und 1 halbierte Schokolinse als Schnabel anbringen und servieren.

SÜSSE HINGUCKER

Unsere Rüblikuchenrolle haben wir klassisch mit Marzipankarotten verziert. Wer es verspielter mag, findet zur Osterzeit eine große Vielfalt an saisonalen Dekoren. Besonders niedlich: Zuckerhäschen und -pfötchen. Entdeckt auf www.superstreusel.de

Rübli-Biskuitrolle

01 00 std : min

LOW CARB LOW FAT

PRO STÜCK: 363 KCAL | 9 G E | 24 G F | 28 G KH

ZZGL. 1 STD. RUHEZEIT

ZUTATEN FÜR 14 STÜCKE

FÜR DEN TEIG
- **150 g Haselnüsse**
- **300 g Karotten, in Stücken**
- **4 Eier**
- **120 g Zucker**
- **1 EL selbst gemachter Vanillezucker**
- **Salz**
- **100 g Weizenmehl Type 405**
- **1 TL Backpulver**

FÜR DIE FÜLLUNG
- **250 g Sahne**
- **1 Pck. Sahnesteif**
- **1 EL selbst gemachter Vanillezucker**
- **400 g Frischkäse**
- **1 TL Zitronenabrieb**
- **1 EL Zitronensaft**
- **100 g Puderzucker**
- **Marzipankarotten zum Garnieren**

1 | Ofen auf 200 °C Ober-/Unterhitze vorheizen. Ein Backblech mit Backpapier belegen. Haselnüsse in den ⌴ geben, **10 Sek.** | **Stufe 10** mahlen und umfüllen. Anschließend die Karotten in den ⌴ geben, **10 Sek.** | **Stufe 6** zerkleinern und umfüllen. Karottenraspel gut ausdrücken. Den ⌴ spülen.

2 | Den Rühraufsatz einsetzen. Eier, 50 g Zucker, Vanillezucker sowie 1 Prise Salz in den ⌴ geben und **6 Min.** | **Stufe 3** | **37 °C** aufschlagen. Dann weitere **6 Min.** | **Stufe 4** schlagen. Den Rühraufsatz entnehmen. Mehl, Nüsse, Karotten und Backpulver zugeben und alles **10 Sek.** | **Stufe 4** vermengen.

3 | Den Teig auf das Backblech streichen, im heißen Ofen ca. 10 Min. backen. ⌴ und Rühraufsatz spülen.

4 | Ein Küchentuch mit übrigem Zucker bestreuen. Den Biskuitboden aus dem Ofen nehmen und auf das Tuch stürzen. Backpapier entfernen und die Teigplatte mit dem Tuch über die kurze Seite aufrollen. Abkühlen lassen.

5 | Für die Füllung den Rühraufsatz einsetzen. Sahne, Sahnesteif sowie Vanillezucker in den ⌴ geben und ohne Zeiteinstellung **Stufe 4** unter Sichtkontakt steif schlagen. Frischkäse mit Zitronenabrieb, -saft sowie Puderzucker zufügen und **30 Sek.** | **Stufe 3** glatt rühren.

6 | Teigplatte vorsichtig entrollen und mit der Hälfte der Creme bestreichen. Mithilfe des Küchentuchs wieder aufrollen und auf eine Platte setzen. Rundum mit der übrigen Creme bestreichen, mind. 1 Std. kalt stellen. Mit Marzipankarotten garnieren.

Fotos: Ira Leoni (1); Super Streusel (1)

Karottenkuchen IM FROSTING-VERSTECK

MINI-
SERIE

Basics, die wir lieben

Nicole Online-Redakteurin

Drei beliebte Basics machen wir selbst, zwei davon ersetzen sogar Fertigprodukte aus dem Supermarkt. So spart ihr Geld und wisst, was drin ist

DIESES MAL: BACKZUTATEN

Mohnback selber machen

Für 500 g Mohnback 250 g Mohn in den geben, **35 Sek. | Stufe 9** mahlen. Dann 65 g Butter in Stücken, 65 g Zucker sowie 120 g Milch zufügen, alles **5 Sek. | Stufe 5** vermengen und **10 Min. | Stufe 2 | 100 °C** erwärmen. 15 Min. quellen lassen und dann nach Belieben weiterverwenden.

>HALTBARKEIT In einem luftdichten Behälter im Kühlschrank hält sich das Mohnback 1–2 Wochen.

>VERWENDUNG Das Mohnback eignet sich hervorragend als Füllung für Strudel, Kuchen oder Hörnchen. Dafür einfach auf den ausgerollten Teig streichen, einrollen und im Ofen goldbraun backen – der Mohn bleibt saftig und sorgt für intensiven Geschmack. Das Mohnback ist auch als Topping für Muffins, Cupcakes, Blechkuchen oder andere Backwaren eine tolle Idee – einfach darüberstreuen und wie gewohnt im Backofen backen.

Nusskrokant selber machen

Backofen auf 200 °C Ober-/Unterhitze vorheizen. Ein Backblech mit Backpapier belegen. Für 300 g Krokant 200 g Nüsse oder Mandeln in den geben und **3 Sek. | Stufe 6** grob zerkleinern. Dann 75 g Zucker und 50 g Butter in Stücken zugeben und alles **3 Min. | | Stufe 2 | 100 °C** erwärmen. Dann mit dem vermengen, erneut **3 Min. | | Stufe 2 | 100 °C** erhitzen. Die Masse gleichmäßig auf dem Blech verteilen, glatt streichen. Im heißen Ofen 10–15 Min. rösten, dabei nach der Hälfte umrühren. Krokant herausnehmen und abkühlen lassen. Nach Belieben verwenden.

>HALTBARKEIT Krokant in einem luftdichten Behälter aufbewahren und innerhalb von 4 Wochen verbrauchen.

>VERWENDUNG Das knusprige Topping ist vielseitig verwendbar und passt zum Beispiel auf Eis, Sahne, Joghurt, süße Aufläufe, Grießbrei oder als Zutat für Backwaren.

Buttercreme selber machen

Für 800 g Buttercreme 500 g Milch, 100 g Zucker, 1 TL selbst gemachten Vanillezucker, 30 g Stärke sowie 1 Ei in den geben und ohne Messbecher **10 Min. | Stufe 3 | 100 °C** kochen. Dann umfüllen, Oberfläche mit Frischhaltefolie abdecken und 1–2 Std. abkühlen lassen. 200 g weiche Butter in Stücken in den geben, **2 Min. | Stufe 4** aufschlagen. Zwischendurch mit dem nach unten schieben. Dann **30 Sek. | Stufe 3** einstellen und den Pudding langsam durch die Deckelöffnung zugeben. Nach Belieben weiterverwenden.

>HALTBARKEIT Im Kühlschrank ist die Creme 1–2 Tage haltbar.

>VERWENDUNG Zum Füllen oder Garnieren von Torten, Kuchen, Cupcakes.

>TIPP Ist die Creme zu weich, kurz in den Kühlschrank geben. Ist sie zu fest, bei Zimmertemperatur stehen lassen oder im Monsieur Cuisine aufschlagen.

Fotos: Anna Gieseler/Bosch (1); Anna Gieseler (2)

Fruchtige Genussmomente mit

Le Sirop de MONIN Rhabarber

Rhabarber Spritz

20ml **MONIN** Sirup Rhabarber
10ml **MONIN** Konzentrat Lemon Rantcho oder Zitronensaft
100ml Prosecco
50ml Soda
Eiswürfel

Rhabarber Limonade

25ml **MONIN** Sirup Rhabarber
15ml **MONIN** Konzentrat Lemon Rantcho oder Zitronensaft
200ml Soda
Eiswürfel

NEU

MONIN

Zuckersüße MITBRINGSEL

Diese kleinen Highlights sind blitzschnell im Monsieur gezaubert und perfekt zum Verschenken oder Selbstgenießen

Rezepte: Elisa Schilling

GESCHENK IDEE

Alle Rezepte eignen sich als Geschenke

TRENDCREME

Seit dem Dubai-Schokoladen-Hype ist Pistaziencreme ein echter Kassenschlager. Wie genial, dass ihr die teure Creme mit wenigen Zutaten ganz leicht selbst mixen könnt! Aber Achtung: Suchtalarm!

ERDBEER-TWIST
Für dieses Rezept verarbeiten wir eine Packung der beliebten Schokoriegel und hüllen das Cappuccino-Pulver in fruchtig-süßen Erdbeergeschmack. Das vorherige Einfrieren der Riegel ist wichtig, damit der Monsi sie leichter zerkleinern kann.

Pistaziencreme

00 15 std : min

LOW CARB LOW FAT

PRO PORTION (1 EL): 45 KCAL | 1 G E | 3 G F | 3 G KH

ZUTATEN FÜR 1 GLAS À 350 ML

- ★ **150 g Pistazien, ungesalzen und geröstet**
- ★ **1 EL Puderzucker**
- ★ **150 g weiße Schokolade, in Stücken**
- ★ **40 g Butter**
- ★ **100 g Milch**

1 | Die Pistazien mit Puderzucker in den geben und **45 Sek.** | **Stufe 10** fein mahlen. Mit dem nach unten schieben und **45 Sek.** | **Stufe 10** mahlen. Anschließend umfüllen.

2 | Die Schokolade in den geben, **6 Sek.** | **Stufe 8** zerkleinern. Mit dem nach unten schieben. Butter zufügen und **4 Min.** | **Stufe 2** | **50 °C** schmelzen. Die Pistazien sowie Milch zugeben und **3 Min.** | **Stufe 5** verrühren. Creme in ein Glas umfüllen, verschließen und danach im Kühlschrank aufbewahren.

>**HALTBARKEIT** Die Creme ist im Kühlschrank etwa 2 Wochen haltbar.

>**VERWENDUNG** Perfekt als Aufstrich für Brot, als Füllung für Torten, Windbeutel oder Croissants, als cremiges Topping für Müsli oder als Extrazutat in Smoothies und Shakes.

„Yogurette"-Cappuccino-Pulver

00 10 std : min

LOW CARB LOW FAT

PRO PORTION (5 TL): 114 KCAL | 4 G E | 4 G F | 9 G KH

ZUTATEN FÜR 500 G

- ★ **80 g Zucker**
- ★ **200 g „Yogurette", tiefgefroren, in Stücken**
- ★ **150 g Magermilchpulver oder Kaffeeweißer**
- ★ **2 EL lösliches Kaffeepulver**
- ★ **2 EL Backkakao**
- ★ **½ TL Zimt**

Den Zucker in den einwiegen, **10 Sek.** | **Stufe 10** pulverisieren und umfüllen. Die „Yogurette" in den geben, **10 Sek.** | **Stufe 8** zerkleinern. Mit dem nach unten schieben. Alle übrigen Zutaten zufügen und **15 Sek.** | **Stufe 3** vermengen.

>**HALTBARKEIT** Das Cappuccino-Pulver ist trocken gelagert ca. 4 Wochen haltbar.

>**VERWENDUNG** 5–6 TL Pulver in warme oder kalte Milch bzw. Pflanzendrink rühren.

Fotos: Sandra Leibinger (1); Anna Gieseler (1); Archiv (1)

Toffitella

00 | 10 std : min

PRO PORTION (1 EL): 78 KCAL | 1 G E | 6 G F | 2 G KH

ZUTATEN FÜR 300 G

* 125 g „Toffifee", tiefgefroren
* 50 g Vollmilchschokolade, in Stücken
* 50 g Butter
* 50 g Sahne
* 1 TL selbst gemachter Vanillezucker

„Toffifee" mit Schokolade in den \=/ geben und **10 Sek.** | **Stufe 10** zerkleinern. Mit dem nach unten schieben. Restliche Zutaten zufügen und **6 Min.** | **Stufe 2** | **50 °C** schmelzen. In sterilisierte Gläser umfüllen und bis zum Servieren bei Raumtemperatur lagern.

>**HALTBARKEIT** Der Aufstrich hält im Kühlschrank bis zu 2 Wochen.

FÜR KARAMELL-FANS

Hier kommt pures Glück im Glas! Im Monsieur Cuisine sind die süßen „Toffifee" im Nu zerkleinert und schmelzen direkt im \=/ zu einer unglaublich cremigen Masse. Schmeckt einfach göttlich!

HIER WIRD *gezaubert!*

Im **ZauberMix** Team ist immer etwas los. Hier gibt's einen Blick hinter die Kulissen …

WO GEDREHT WIRD, DA …

… fällt Konfetti – und das aus gutem Grund: Wir feiern über 10.000 Abonnent:innen auf unserem YouTube-Kanal! Isy hat für ein Video kurzerhand die Konfettikanone ausgepackt und es in ihrem Wohnzimmer bunt regnen lassen. Das sorgte ordentlich für Partystimmung! Nach dem coolen Dreh war aber erst mal Schluss mit lustig – dann hieß es nämlich „Alles auf Anfang!" und wieder Ordnung schaffen.

Geburtstagszauber bei ZauberMix

Elisa, unsere kreative Rezeptentwicklerin und großer „Harry Potter"-Fan, hatte Geburtstag – und dieser Anlass wurde bei uns natürlich gebührend gefeiert! Mit viel Herz und Teamgeist verwandelten wir unser Fotostudio in eine gemütliche Geburtstagsoase. Blumen, Geschenke und ein selbst gebackener Kuchen gehörten natürlich auch dazu. Unser Koch Gerald überraschte Elisa mit einem magischen „Harry-Potter-Kuchen", der so zauberhaft aussah, wie ihn Hagrid für Harry hätte backen können. Solche besonderen Momente verbinden uns und machen unser Team aus. Wir freuen uns schon auf den nächsten Geburtstag!

Licht, Kamera, Action!

Für unsere YouTube-Folgen braucht es viele fleißige Hände. Und das nicht nur vor der Kamera! Hier sind unsere Kameramänner Daniel und Daniel dabei, das Studio ins richtige Licht zu rücken. Wo manche den Wald vor lauter Bäumen nicht mehr sehen, wissen die beiden ganz genau, was zu tun ist und sorgen stets für ein strahlendes Ergebnis.

Endlich ist es da!

NEU IM BÜCHERREGAL

Unser neues Familienkochbuch ist da! Wir haben wieder viel Liebe hineingesteckt und konnten es kaum erwarten, es endlich in den Händen zu halten. Redakteurin Svenja hat sich direkt ein Exemplar bei der Ankunft in unserem Lager geschnappt.

Fotos: Anna Gieseler (3); Adobe Stock/Yulia (1); Svenja Rudolf (1); Archiv (1); Marie Luise Paulsen (3)

VORSCHAU

Die Ausgabe 3/2025 von
monsieur cuisine by ZauberMix
erscheint am **2. Mai 2025**

ENDLICH ERDBEEREN!

Mmmh! Erdbeer-Straciatella-Kuchen vom Blech, cremiges Erdbeereis oder erfrischender Erdbeer-Frappuccino – sobald die kleinen Früchtchen wieder leuchten, lassen wir keine Gelegenheit aus, sie gebührend zu feiern. In der nächsten Ausgabe findet ihr viele neue Ideen zur süßen Saison!

Orient per Express

DIE BESTSELLER – BESSER ALS GEKAUFT!

Wow – sind die lecker! Und im Handumdrehen selbst hergestellt! Wir backen schnelle Pizza-Pide, bereiten knusprige Blitz-Börek mit Fetafüllung zu, servieren superwürzige Linsen-Lahmacun und einen einfachen Köfte-Topf. Scharfe Paprikacreme und seidigen Rote-Linsen-Hummus gibt's ebenfalls hausgemacht aus dem Monsi dazu!

SPEZIAL

... UND DAS GROSSE GRILLEN BEGINNT!

Für die bestens Extras zum geselligen Grillen ist schon mal gesorgt – denn wenn eines nicht fehlen darf, sind es die Beilagen! Für uns sind cremige Dips, würzige Grillsoßen, bunte Salate und Dressings sowie softe Brote aus dem Monsieur Cuisine die eigentlichen Stars auf dem Esstisch. Unsere Top 10 stehlen so manchem Grillgut locker die Show.

Sensationell!

MARMELADEN-MAGIC

Im Monsieur verwandelt ihr Mini-Mengen oder auch XXL-Portionen an Obst in Minuten in süße Aufstriche – sogar ohne Gelierzucker! **PLUS:** Wir stellen Etiketten-Entferner her und verraten neue Mix-Hacks.

EINFACH KÖNIGLICH

Spargel hat jetzt seinen großen Auftritt! Wir kombinieren ihn ganz schlicht und einfach mit Parmesanstreuseln und Zitronendip, betten ihn in eine Sauce-hollandaise-Quiche mit Schinken und machen ihn mit Frühkartoffeln und Mozzarella zu lauwarmem Salat an.

Fotos: Maren Eicks (1); StockFood / Gräfe & Unzer Verlag / Hoersch, Julia (1); Sandra Leibinger (1); Anna Gieseler (1); Ira Leoni (1) | Die angekündigten Themen können abweichen.